ZUKUNFT NACHHOLEN

ERFOLGREICH DIGITALISIEREN

MIT SYSTEM

Zukunft nachholen – Digitalisieren mit System

1. Auflage ISBN 978-3-00-059888-3

Autor: Christoph Kühnapfel

Herausgeber: Team-IT Group GmbH, Daimler Str. 46, 47574 Goch

Alle kostenlosen Inhalte und Extras zu diesem Buch findest du unter: zukunft-nachholen.de

ZUKUNFT NACHHOLEN

ERFOLGREICH DIGITALISIEREN MIT SYSTEM

Was Deutsche Unternehmen wirklich tun müssen, um in den nächsten 4 Jahren gegen den Rest der Welt bestehen zu können.

Wie du durch den einfachen Einsatz moderner Technologien die Arbeitsabläufe in deinem Unternehmen deutlich verkürzt und deine Mitbewerber durch bisher ungenutzte Möglichkeiten überholst.

CHRISTOPH KÜHNAPFEL

Dieses Buch widme ich meinen Mitarbeitern und Partnern.

Danke für **EURE** Unterstützung.

„Der Pessimist sieht Schwierigkeiten bei jeder Gelegenheit.
Der Optimist sieht Gelegenheiten bei jeder Schwierigkeit."

Winston Churchill

DIGITALISIERUNG

✓	unaufhaltsam
✓	chaotisch
✓	allumfassend
✓	verändernd
✓	disruptiv
✓	kreativ
✓	beeinflussend
✓	verdrängend
✓	logisch
✓	geregelt
✓	ungeregelt
...	

VORWORT

Du suchst jemanden an deiner Seite, mit dem du dein Unternehmen erfolgreich digitalisieren und wettbewerbsfähig aufstellen möchtest? Dir ist bewusst, dass dieses Unterfangen nicht trivial ist, sondern dabei die wichtigen unternehmerischen Stellschrauben zu bewegen sind! Dann ist Christoph Kühnapfel der richtige Mann an deiner Seite.

In jedem Gespräch mit Ihm spürt man deutlich seine Begeisterung und fachliche Kompetenz. Mit fundierten Argumenten gelingt es ihm immer wieder, seinem Umfeld die herausragenden Chancen des digitalen Wandels überzeugend zu vermitteln.

Christoph sagt was er denkt und lebt was er sagt. Er lebt seinen eigenen Anspruch vor, seine Kunden nicht nur einfach zufrieden zu stellen, sondern sie durch sein Angebot und seinen Service zu begeistern. Dass dies keine Floskel ist und bleibt, wird sehr schnell klar, wenn man auf ihn trifft und sich mit ihm austauscht.

Sein strukturierter ganzheitlicher Blick auf grundsätzliche Herausforderungen, seine Fokussierung und überzeugende Darstellung der vielschichtigen individuellen Chancen, die sich aus der digitalen Transformation ergeben, sind beeindruckend. Er vermeidet dabei in die digitale Komplexitätsfalle zu gehen. Er überblickt die Dinge und Zusammenhänge und bringt sie logisch auf den Punkt.

Ich habe mich wiederholt nach Gesprächen mit ihm dabei ertappt zu sagen: „Wieder was Neues gelernt". Wenn man seinen Ausführungen aufmerksam zuhört, ist man restlos davon überzeugt, dass an der Digitalisierung nichts vorbeigeht und dass man seine Kräfte darauf fokussieren sollte, die sich bietenden neuen Chancen für das eigene Business zu nutzen.

Mit Christoph Kühnapfel hat man einen Siegertypen an seiner Seite.

Wenn es darum geht, sein Unternehmen im digitalen Wettbewerb zukunftsfähig und fit zu machen ist Christoph ein „GoTo" Unternehmer, der dich beeindrucken wird. Er nimmt dich an die Hand und lässt dich an seinem breit gefächerten unternehmerischen Erfahrungs-horizont teilhaben. Er zeigt dir die Relevanz und Möglichkeiten des digitalen Wandels auch in deiner Branche auf.

Viel Spaß beim Lesen dieses Buches. Es wird dir viele Anregungen geben und Appetit auf Mehr machen.

Dein Dirk Kreuter, Verkaufstrainer und Autor

EINLEITUNG

Meine Frage an Dich: Was bedeutet für Dich eigentlich Digitalisierung?

Als Privatperson hast du einen PC, Laptop und Handy der neuesten Generation. Du kommunizierst per WhatsApp, Facebook, Twitter, Snapchat und/oder über andere sozialen Medien. Du speicherst deine Daten in einer Cloud, sicherst dein Haus mit WLAN basierten Überwachungssystemen, machst Online-Banking, kaufst regelmäßig bei Online-Händlern ein, abonnierst Pay-Musik- und Pay TV.

In deinem Unternehmen hast du PCs und moderne digitale Kommunikationsgeräte für jeden Mitarbeiter. Du verfügst über ERP, CRM, MRP Systeme. Du bist vernetzt, kommunizierst mit deinen Kunden und Lieferanten per Email und hast deine Mitarbeiter zwecks Erreichbarkeit mit mobilen Kommunikationsgeräten ausgestattet. Deine Unternehmensdaten sind in einer Cloud gespeichert. Du lehnst dich zufrieden zurück und denkst: „Läuft - Ich habe fertig, das ist Digitalisierung und sie ist für mein Unternehmen ausreichend und abgeschlossen."

Naja, vielleicht solltest du doch noch einmal nachdenken und vor Allem weiterlesen, denn ich vermute, dass dein Vorstellungshorizont und dein Verständnis von der Komplexität einer Digitalisierung durchaus noch ausbaufähig sind. Deine Vorstellungskraft greift bei der Abschätzung der Reichweite von Digitalisierung vielleicht doch noch etwas zu kurz, sodass einige Aspekte der rasant voranschreitenden digitalen Transformation unbemerkt an dir vorübergehen.

Damit schöpfst du deine besonderen Chancen der Digitalisierung nicht aus und bemerkst das vielleicht noch nicht einmal. Das kannst du besser! Ich helfe dir dabei gerne ein wenig auf die Sprünge.

Es gibt eine unübersehbare Masse an Fachliteratur und Veröffentlichungen zu diesem Thema. Mein Buch ist – wie du vielleicht bereits festgestellt hast – etwas anders konzipiert als andere Bücher.

Es erhebt auch nicht den Anspruch einer wissenschaftlichen Abhandlung.

Es ist eine Zusammenstellung meiner gesammelten persönlichen Erfahrungen und Anregungen aus unzähligen Gesprächen und Beratungen mit

Unternehmern, die ich auf ihrem Weg in eine erfolgreiche Digitalisierung beraten und begleiten durfte.

Meine Reflexionen und Eindrücke, die ich als langjähriger und erfahrener IT-Serviceunternehmer erworben habe, teile ich gerne mit dir.

Die Sammlung beinhaltet sowohl Anmerkungen grundsätzlicher Art, als auch eine Zusammenstellung persönlicher Wahrnehmungen und anschaulicher Beispiele, die zum Nachdenken, quasi „aus der Praxis - für die Praxis" anregen sollen.

Also Weiterlesen! Die Zeit und der Aufwand sind gut investiert und werden sich auszahlen.

VERGLEICH EINES „ALTEN“ UNTERNEHMENS A GEGENÜBER EINEM „NEUEN“ UNTERNEHMEN B

Wo findet man heutzutage ein anschauliches und allgemeinverständliches Beispiel, um die Unterschiede zwischen der „alten“ und der „neuen“, digitalisierten Welt aufzuzeigen?

Ich möchte hierzu ein Beispiel aus einer Branche nutzen, mit der jeder irgendwann schon einmal in seinem Leben in Berührung kam:

Jeder, der bereits einmal eine Reise in einem Reisebüro gebucht hat, kann sich vielleicht noch an das folgende oder zumindest ein ähnliches Szenario unter dem Motto „im Reisebüro“ erinnern.

In meiner eher ländlichen Heimatstadt konnte man bis vor nicht allzu langer Zeit einen sehr guten Vergleich zwischen Nostalgie und Neuzeit dieser Branche sehr realistisch und praktisch erleben.

Unternehmen A, ein Unternehmen seit gefühlten Jahrhunderten in Privathand geführt und in guter zentraler Lage gelegen. Geführt ausschließlich vom Inhaber und seiner Ehefrau. Beide erfahrene und langjährige, in der Reisebranche tätige Unternehmer.

Der Kundenkreis fest etabliert, leicht stagnierend, wenig fluktuierend und nicht spürbar expandierend. Man hatte das Gefühl, nur Insider fanden den Weg in dieses unscheinbare Geschäft, aber niemals zufällige Laufkundschaft.

Man ging dorthin nur auf Grund einer persönlichen Empfehlung, denn Eigenwerbung war sehr spärlich und nahezu unauffindbar in den lokalen Beilagen der Tageszeitungen verborgen.

Der Laden und seine Einrichtung erinnerten an ein Konglomerat aus Antiquariat und Flohmarkt, eingerichtet im Stile des „Gelsenkirchener Barocks“. Auf dem Boden Auslegeware aus dem frühen 20. Jahrhundert.

Eben mehr ein "Insider-Reisebüro", bei dem man auch hinsichtlich der Beratung und Buchung von Reisen und Veranstaltungen, dem Schwerpunkt des Geschäftsmodells, sehr viel Zeit und Geduld mitgebracht werden musste. Um für sich das optimale Angebot zu buchen, war dann häufig ein zweiter Termin einzuplanen, um den Papierkram abzuschließen und seine Bestätigungen eventuell gar postalisch zu erhalten.

Bereits beim Betreten des Geschäfts wurde man im wahrsten Sinne des Wortes unmittelbar nostalgisch „angehaucht" und fühlte sich in eine bereits vergangen geglaubte Zeit zurückversetzt.

Alle menschlichen Sinne, und ich meine wirklich alle, wurden durch die Gestaltung und Einrichtung des Geschäftsraums automatisch in den Betriebszustand einer „Retro-Welt" zurückgesetzt.

Auslegeware, Papierkram und Bestellkataloge dominierten die freien Flächen des Verkaufsraums. Es war schwer Orientierung und einen Überblick zu bekommen.

Es wurde dem Kunden niemals ein Angebot direkt aus und am Notebook präsentiert. Aus der schier unendlichen Schrankwand mit ihren unzähligen Fächern wurden Prospekte entnommen und dem Kunden in Papierform vorgelegt.

Notizen zu den wesentlichen Punkten des Kundengesprächs wurden handschriftlich erfasst und repräsentierten die wesentliche Dokumentation der Beratung bis hin zur Auswahl der Reise. In einer Ecke stand eine Schreibmaschine, deren Zustand nicht darauf hindeutete, dass sie außer Betrieb war und nur als Dekoration dort stand. Das modernste Objekt im Raum war ein Faxgerät der ersten Generation, das bei Ansteuerung vermutlich die Betriebsmelodie der ersten Routergeneration abspielte.

Der Buchungsvorgang und die Koordination mit dem Reiseveranstalter selbst erfolgten durch die Inhaber am Computer und Telefon im Anschluss des Beratungsgespräches oder nach der Geschäftszeit ohne den anwesenden Kunden. Der Kunde wurde nochmals einbestellt, um den Papierkram wie Buchungsunterlagen und die Verträge in einem separaten Termin zu erledigen und zu unterschreiben.

Als Kunde wusste man dann zwar wohin es gehen sollte, aber es beschlich einen immer wieder so ein unbestimmtes Gefühl, dass es vielleicht doch noch bessere Alternativen gab und diese Reise vielleicht doch nicht das optimale Preis-Leistungsverhältnis bot.

Der Geschäftsgang und betriebene Aufwand waren hoch und eigentlich lohnte sich der Gang zu diesem Reisebüro nur, wenn man vorher genau und zwar bis in alle Details hinein wusste, wohin man reisen, welches Hotel man wählen und was man an zusätzlichen Extras, Ausflügen usw. dazu buchen wollte.

Alles in Allem ein, aufgrund schlechten Marketings, verwirrenden und unnötigen Abläufen, sowie intern unnötig zeitintensiven und komplizierten Mechanismen, ein sehr nostalgischer, unvollständiger und damit wenig effizienter Weg, sein Geschäftsmodell umzusetzen.

Unternehmen B, ebenfalls in meiner Heimatstadt angesiedelt, ist ein Reisebüro, welches auch alle Sinne anspricht, wenn man den Geschäftsraum betritt. Vor dem Besuch kann man sich auf der Webseite des Büros bereits über aktuelle Angebote und Tipps eingehend informieren. Auch eine spezielle Terminvereinbarung für eine Beratung ohne Wartezeit ist über die Webseite möglich.

Die nicht überladene und weiträumig gestaltete Einrichtung des Geschäftsraums suggeriert bereits Urlaubsfeeling und vermittelt den Eindruck, man befände sich bereits in der Empfangshalle eines Hotels irgendwo auf dieser Welt. Man sieht keine Aktenberge oder Papierunterlagen. Auf dem Schreibtisch eines jeden Beraters/-in befindet sich lediglich jeweils ein PC.

Ein Wartebereich ist vorhanden und mit Sitzmöbeln ausgestattet. Er bietet zudem eine kurzweilige erste Möglichkeit, sich per Einspielungen über ein Video TV mit aktuellen Impressionen aus verschiedenen aktuellen Urlaubsregionen der Welt in Urlaubsstimmung versetzen zu lassen. Bei einer kostenlosen Tasse Kaffee kann man sich erste Anregungen für das kommende Beratungsgespräch holen.

In diesem Gespräch werden dem Kunden dann per PC direkt die aktuellen Angebote verschiedener Anbieter und Kategorien zu den möglichen und gewünschten Reisezielen dar- und vorgestellt. Sollte man zuvor eine Reise in diesem Reisebüro gebucht haben, so ist eine Liste persönlicher Präferenzen bereits erfasst und kann bei der Auswahl zukünftiger Ziele und deren Auswahl mit herangezogen werden. Die Berater selbst sind geschult und können zu vielen Reisezielen und Hotelanlagen detaillierte und aktuelle Auskünfte geben. Hierzu wird ergänzend eine Datenbank aus seriösen Reiseportalen herangezogen, in der Urlauber ihre aktuellen Kommentare und Wertungen eingestellt haben.

Der Kunde bekommt für die Zeit des Beratungsgespräches ein iPad an die Hand, um die vom Berater aufgerufenen Seiten mitverfolgen zu können.

Ist die Entscheidung gefallen, kann sofort die Verfügbarkeit der gewünschten Zimmer, die Flugdaten, weitere Extras und vielleicht schon vorab zu buchende Ausflüge und Sonderleistungen, wie z.B. Mietwagen oder Fahrrad, abgefragt und abgeschlossen werden. Noch immer ist bis zu diesem Zeitpunkt kein einziges Stück Papier ausgedruckt worden.

Sollte die Entscheidung über das Leistungspaket endgültig gefallen sein, erhält der Kunde sofort eine Bestätigung. Die Zahlungsmodalitäten werden festgelegt, er unterschreibt den Vertrag und verlässt das Reisebüro mit einem vollständigen Produkt in den Händen.

Das Reisebüro übersendet notwendige Bestätigungen, zusätzliche Belege und informative Links unmittelbar nach dem Gespräch auf Wunsch papierlos per E-Mail an den Kunden.

So schnell und gleichzeitig absolut einfach verläuft also der ganze Prozess.

Das Wohlergehen des Kunden und die Fokussierung auf das Produkt in diesem Prozess ergibt letztendlich das Potenzial, nachhaltig erfolgreich zu wirtschaften. Es stärkt ungemein den Unternehmenserfolg, da man durch zufriedene Kunden weiterempfohlen wird, mehr Stammkunden aufbaut, und durch automatisierte und neuzeitige Regelungsmechanismen wesentlich effektiver und unkomplizierter arbeiten kann.

Es ist an der Zeit, sich der revolutionären Dynamik vorteilhaft zu bedienen, anstatt in der Komplexitätsfalle zu versinken. Intelligente Vernetzung löst einen massiven Wettbewerbsvorteil aus, welcher entscheidend für das zukünftige Überleben ist.

Die Bereitschaft und Durchsetzung der ständigen Anpassung ist hierbei die Schlüsselfähigkeit zum langfristigen Unternehmenserfolg.

Digitalisierung ist cool und verändert ganzheitlich und nachhaltig die Art und Weise des Umgangs mit einem Produkt, einem Geschäftsmodell, einer Wertschöpfungskette und die Kommunikation mit dem Kunden.

In diesem Buch wirst du erfahren, wie du dein Unternehmen von einem Typ A Unternehmen zu einem Typ B Unternehmen durch einfache Mittel der Digitalisierung transformieren kannst und es so ganzheitlich auf die Zukunft ausrichtest.

„Es ist nicht die stärkste Spezies die überlebt, auch nicht die intelligenteste, es ist diejenige, die sich am schnellsten dem Wandel anpassen kann."

Charles Darwin, englischer Naturforscher (1809-1882)

FAZIT

★	Passe dein Geschäftsmodell und deine Produkte/ Dienstleistungen an die neuen zukunftsträchtigen Gegebenheiten an.
★	Suche nach Lösungen und Möglichkeiten deine Kunden zu begeistern.
★	Denke immer aus Kundensicht.

Warum gibt es das Unternehmen A nicht mehr?

Klar die Inhaber hatten Ihr Alter erreicht und wollten in den wohlverdienten Ruhestand.

Das sei ihnen auch gegönnt. Aber warum findet man keinen Nachfolger?

Weil das Geschäftsmodell nicht mehr funktioniert!

Ein zukunftsträchtiges Unternehmen hätte mit Sicherheit einen Nachfolger gefunden und die Inhaber hätten mit dem Verkauf des Unternehmens auch noch Ihr Unternehmen weiterwachsen und bestehen sehen dürfen.

Im Fall des Unternehmens B kann es noch weitergehen.

Man muss sich nicht mit der Kundschaft aus seinem direkten Umfeld begnügen. Das Geschäftsmodell ist skalierbar.

Dazu muss ich in die Sichtbarkeit im Markt kommen. Soziale Netzwerke und Onlinemarketing können unglaublich dazu beitragen, dass die Sichtbarkeit im Markt steigt.

Aktionen und Feedbacks begeisterter Kunden, können den Marktwert des Unternehmens steigern.

Das Angebot der Beratung mittels Tele Sales könnte erweitert werden.

Hierzu gibt es noch unzählige Möglichkeiten, das Unternehmen mittels Digitalisierung auf ein noch höheres Level zu bringen.

Tradition und Qualität sind wichtig und auch unabdingbar.
Aber wir müssen auch mit der Zeit gehen,
sonst gehen wir mit der Zeit.

C. Kühnapfel

DIGITALISIERUNG – ÜBERSICHT

1.	Digitalisierung –	*Aktuelle technologische Evolution*
2.	Digitalisierung –	*Revolution in der Kommunikation*
3.	Digitalisierung –	*Relevanz erkennen - Teilhabe sicherstellen*
4.	Digitalisierung –	*Der Mittelstand zögert noch*
5.	Digitalisierung –	*Chancen und Risiken*
6.	Digitalisierung –	*Regeln sind notwendig*
7.	Digitalisierung –	*Einen Ausblick wagen*
8.	Digitalisierung –	*Umsetzern gehört der Markt*

DIGITALISIERUNG

1. AKTUELLE TECHNOLOGISCHE EVOLUTION

Jeder kennt die großen technologischen Entwicklungen, auf die sich die industriellen und gesellschaftlichen Revolutionen des 18ten und 19ten Jahrhunderts begründeten.

Bahnbrechende technologische Entwicklungen, in deren Folge erstmalig innovative Verknüpfungen zwischen Wissenschaft, Forschung und industrieller Produktivität stattfanden und die letztlich zu massiven und nachhaltigen Veränderungen und Entwicklungen, nicht nur in der damaligen industriellen Landschaft, sondern weit darüberhinausgehend, in den wesentlichen gesellschaftlichen Strukturen und Prozessen jener Zeit führten.

Die Erfindung der Dampfmaschine im 18ten Jahrhunderts markierte einen solchen historischen Zeitpunkt, an dem die industrielle und gesellschaftliche Evolution der Neuzeit entscheidend an Dynamik gewann.

Grenzen der Muskelkraft wurden überwunden und Maschinen hielten Einzug in alle industriellen und unternehmerischen Sparten und Branchen.

Ein konsequenter Ausbau der Massenproduktion ging mit einer drastischen Erhöhung der Produktivität der Volkswirtschaften dieser Zeit einher.

Dies führte jedoch nicht nur zu einem bis dato nie dagewesenen industriellen Aufbruch, sondern auch zu massiven Umbrüchen in den Gesellschaften dieser Zeit.

Industrielle Zentren mit einem unersättlichen Bedarf an Lohnarbeitern bildeten sich sehr schnell heraus. Die Landflucht nahm in der Folge drastisch zu.

Die z.T. katastrophalen Bedingungen der Lohnarbeit in den Fabriken führte sehr schnell zu sozialen Spannungen, zu Umbrüchen in gesellschaftlichen Strukturen und lösten in der Folge notwendige Sozialreformen aus. Ein grundlegendes gesetzliches Regelwerk gegenseitiger Interessen wurde so Anfang des letzten Jahrhunderts etabliert.

Die Folgen dieser sich über einen großen Zeitraum hinweg entfaltenden sozio-ökologischen Entwicklungsstufen, lassen sich aus zwei verschiedenen Perspektiven betrachten:

Aus gesellschaftspolitischer bzw. sozio-ökologischer Perspektive beeinflussen Umsetzung und Folgen technologischer Entwicklungen automatisch gesellschaftspolitische Entwicklungen. Technologischer Fortschritt und gesellschaftliche Entwicklung sind in einem stetig voranschreitenden und sich gegenseitig beeinflussendem Prozess miteinander verbunden.

Aus volkspolitischer bzw. betriebswirtschaftlicher Sicht beobachtet man die sich im Zuge industrieller Evolution ebenfalls neu entwickelnden volks- und betriebswirtschaftlichen Strukturen, Prozesse und Dynamiken.

Wirtschafts- und Sozialwissenschaftler datieren deshalb auch die signifikanten Umbrüche und technologischen Entwicklungen um 1900, als zweite und um ca. 1970 sogar als eine sogenannte dritte industrielle Revolution.

Um 1900 ist die zweite Revolution gekennzeichnet durch den bereits erwähnten konsequenten Ausbau der Massenproduktion. Diese ermöglichte durch eine, ab da auch in der Fläche verfügbaren Elektrifizierung begünstigt, die Ausweitung der Arbeitszeit und die Einführung von Schichtarbeit auf breiter Basis in der industriellen Produktion.

Mitte der 70er Jahre des letzten Jahrhunderts verzeichnete man dann einen weiteren signifikanten technologischen Entwicklungssprung, diesmal im mikroelektronischen Bereich. Dieser Zeitpunkt wird allgemein auch als historischer Marker für eine sogenannte dritte technologische Evolution bezeichnet.

Mit dem sich ständig weiterentwickelnden Fortschritt im Bereich Mikroelektronik, erfolgte ab 1970 quasi der konsequente Einstieg in eine zunehmende „Informatisierung" der Produktion und in ersten Ansätzen auch der systematischen Vernetzung von Produktion und Logistik in Unternehmen.

„Wenn du heute aufgibst, wirst du nie wissen, ob du es morgen geschafft hättest!"

Der Startschuss der „Digitalisierung“ war erfolgt. Ihr Einzug in alle Bereiche des Lebens gewinnt seitdem unaufhaltsam und rasant an Fahrt und Dynamik. Relevanz und Präsenz der Digitalisierung, ihr einnehmender und verdrängender Einfluss auf alle gesellschaftlichen und sozio-ökologischen Bereiche wurde in der Folge zunehmend offensichtlicher.

Es zeigt sich heute sehr deutlich, dass die digitale Transformation nicht aufzuhalten ist und sie zum Teil in einer unkontrollierbaren Dynamik in jeden unternehmerischen und gesellschaftlichen Bereich Einzug hält.

Damit wirkt sich die Digitalisierung letztlich ähnlich dramatisch aus, wie es die technologischen Veränderungen zu Zeiten der früheren industriellen Evolutionsstufen getan haben.

Sich der Digitalisierung zu entziehen oder an überkommenen Strukturen und Prozessen festhalten zu wollen, ist heutzutage keine wirklich erfolgversprechende Option und in einer bereits weitgehend digitalisierten Gesellschaft nicht mehr möglich.

Wer genau hinschaut und analysiert stellt fest, dass Digitalisierung rasend schnell und vielfach unkontrolliert alle Lebensbereiche durchdringt und dabei etablierte Prozesse und Normen in einer atemberaubenden Geschwindigkeit in Frage stellt, sie z.T. obsolet werden lässt und einen erheblichen Handlungsdruck in alle Richtungen hinsichtlich Anpassung und Veränderung erzeugt.

Diese Effekte lassen sich an einem Beispiel aus dem komplexen Bereich der Kommunikation aufzeigen.

Mit der Digitalisierung und der zunehmenden digitalen Vernetzung hat sich innerhalb kürzester Zeit die Art und Weise und vor allem die Reichweite zwischenmenschlicher Kommunikation, der Kommunikation zwischen Mensch und Maschine sowie Maschinen und Maschinen grundlegend verändert.

Auswirkungen dieser kommunikativen Veränderungen zeigen sich in allen Bereichen und gehen oft einher mit unverkennbar neuartigen Wechselwirkungen und Gesetzmäßigkeiten. Digitalisierung und ihre Folgen führen zu einem hohen reaktiven Handlungsdruck auf alle staatlichen, wirtschaftlichen und gesellschaftlichen Institutionen.

Jedoch sind Verzögerungen und Passivität staatlicher Organe bei der zwingend notwendigen proaktiven Interpretation und Anpassung von Gesetzen

„Was wir heute mit der Digitalisierung erleben ist eine technologische Revolution und es ist für alle schwer einzuschätzen, was die Folgen sein werden. Die langfristigen Auswirkungen auf die Beschäftigung sind schwer zu antizipieren und quantifizieren."

Oliver Bäte, CEO Allianz (Die WELT)

und Normen einer analogen Welt, an die aktuellen und neuen Dynamiken globalem digitalem Interagierens erkennbar.

Ein anschauliches Beispiel ist hier das offensichtliche Missverhältnis zwischen Anspruch und Wirklichkeit bei den zwar heftig propagierten, aber offensichtlich schwierig umsetzbaren, politischen Initiativen zur Förderung und Schaffung grundlegender digitaler Rahmenbedingungen.

Eine vielfach verzögerte Umsetzung im administrativen Behördendschungel mit seinen komplizierten Zuständigkeitsgefügen ist die ernüchternde Realität. Fehlender politischer Wille zur Überwindung dieser wohl bekannten, vielfach systemimmanent und latent beobachteten Trägheit unseres föderalen Systems gegenüber schnellen Umsetzungen von Veränderungen bzw. der Anpassungen organisatorischer und struktureller Gegebenheiten ist leider allgegenwärtig.

Es wird immer deutlicher, dass sich mit analogem Denken und vielen Regeln der Vergangenheit die digitale Gegenwart und Zukunft nur sehr bedingt gestalten und beherrschen lässt.

Mechanismen einer analogen Welt greifen z.T. nicht mehr und sind auf breiter Basis noch nicht auf die Erfordernisse neuer Prozesse und Dynamiken einer digitalen Transformation ausgerichtet und angepasst. Digitalisierung wirkt dagegen allumfassend und verändert ihr Umfeld nachhaltig und stetig.

Für die unternehmerischen und gesellschaftlichen Ausrichtungen gilt, dass der digitale Wandel und damit einhergehenden Konsequenzen, keine vorübergehende Zeiterscheinung oder ein Phänomen sind.

Digitalisierung ist vergleichbar mit dem Verhalten eines intelligenten Virus, der auf seinem Weg der Verbreitung und Optimierung immer wieder lernt, verändert und sich Hindernissen und den Regulierungs-/ Kontrollversuchen zu entziehen versucht.

Ständige hohe Anpassungsfähigkeit und die Fähigkeit zur strukturellen und organisatorischen Veränderung werden zu Schlüsselfähigkeiten für alle Systeme sowohl im unternehmerischen, als auch im öffentlichen und privaten Bereich.

„Technologischer Fortschritt und gesellschaftliche Entwicklung sind auch in der Digitalisierung in einem stetig voranschreitenden und sich gegenseitig beeinflussendem Prozess miteinander verbunden."

C. Kühnapfel

„Ständige hohe Anpassungsfähigkeit und die Fähigkeit zur strukturellen und organisatorischen Veränderung werden zu Schlüsselfähigkeiten für alle Systeme sowohl im unternehmerischen, als auch im öffentlichen und privaten Bereich."

C. Kühnapfel

FAZIT

PROBLEME SIND IMMER AUCH CHANCEN!

Genau diese Chancen bietet dir die Digitalisierung bzw. der Umbruch den die neue digitale Welt nach sich zieht.

» Du siehst zunächst nur Probleme.

» Du weißt nicht, wo du anfangen sollst.

» Dir fehlt DIE zündende Idee.

» Du redest dir ein, für meine Branche ist das nichts!

Außerdem ist mein Unternehmen im Moment ja noch nie so erfolgreich gewesen, wie jetzt!

Woher kommen diese Gedanken?

Du zögerst aus Angst etwas falsch zu machen?

Nun, ich kenne diese und mehr „Ausflüchte und Ausreden" aus vielen Gesprächen.

Ich habe dir hier beschrieben, wie es zur digitalen Transformation gekommen ist, wie diese sich auswirkt und was sie für dich als Unternehmer bedeutet!

Und nun?

Erfinde keine weiteren Ausreden mehr, sondern fang an zu HANDELN!

Was musst DU beachten?

Du musst schnell sein. Denn schnelles Umsetzen ist extrem wichtig.

Auch wenn du dabei noch Fehler machst, ist das nicht schlimm.

Nur, je länger du zögerst, desto schwieriger wird es, dein Geschäftsmodell der Zukunft zu positionieren bzw. dich und deine Firma anzupassen, weiterzuentwickeln und am Markt langfristig zu bestehen.

Warum hast du Angst vor Fehlern?

Die meisten Fehler haben gar keine so große Auswirkung. Dennoch bleibt immer die Angst vor Fehlern im Kopf hängen.

Aus meiner Erfahrung ist es nicht schlimm Fehler zu machen, wenn du dich an den alten

Grundsatz hältst, schnell genug darauf reagieren und sie nicht zu wiederholen. Schau dir genau deinen Markt an und denke mal aus Kundensicht.

Was würde dir als Kunde deines Unternehmens extrem wichtig sein?

Welche Funktion, welches Produkt, welche Dienstleistung deines Unternehmens würde dich als Kunde so extrem überzeugen, es bei dir zu kaufen?

Warum hat Amazon einen so breiten Zulauf an Kunden? War es nur der allerbeste Preis?

Mit Sicherheit nicht!

Amazon begann mit (preisgebundenen!) Büchern. Aus meiner Sicht war es der leichte und schnelle Bestellprozess und eine enorm große und extrem schnelle Sichtbarkeit im Markt.

Amazon hat den Markt aus Kundensicht betrachtet!

Amazon hat sich nicht darauf konzentriert und abgeschaut, wie die Buchbranche tickt bzw. funktioniert.

HANDELE nach dem Motto:

- » SEI ANDERS
- » DENKE ALS KUNDE
- » LASSE FEHLER ZU
- » SEI SCHNELL

Zeige schnelle Reaktionen auf den Markt und treffe schnelle Entscheidungen. Das ist im Zeitalter der Digitalisierung ein wesentlicher Schlüssel zum Erfolg.

Langes Warten führt nicht zu Umsatz.

Wenn Microsoft sein Produkt „Windows“ erst in Perfektion auf den Markt gebracht hätte, dann wäre Microsoft nicht da, wo sie heute stehen.

MARKTFÜHRER & dominierende Marktposition.

„Probleme sind
IMMER
auch Chancen!"
C. Kühnapfel

ERFOLG ist
nicht immer das,
was Du siehst!

DIGITALISIERUNG

2. REVOLUTION IN DER KOMMUNIKATION

Im Zuge der zunehmenden Digitalisierung zeigen sich die Auswirkungen globaler Vernetzung der Gesellschaften nirgendwo deutlicher, als auf dem Gebiet der zwischenmenschlichen, der Mensch-Maschinen und intermaschinellen Kommunikation.

Es ist deutlich erkennbar, dass Wirkung und Folge von Kommunikation in digitalen Netzwerken keine überschaubare Reichweitenbegrenzung mehr haben.

Dies bedeutet: Wenn ich etwas in einem Netzwerk initiiere, löse ich neben meinen beabsichtigten auch nicht lineare und von mir als Verursacher nicht mehr kontrollierbare Effekte aus.

Auch als Entscheider in der unternehmerischen digitalen Welt, muss ich mir deshalb immer vor Augen halten, dass meine Entscheidungen und die dazugehörige Kommunikation in den Netzwerken unter Umständen eine durch mich nicht kalkulierbare und nicht mehr kontrollierbare Reichweite bekommen können.

Hieraus ergibt sich die Frage nach der Verantwortung für die Folgen meiner Entscheidung und deren digitalen Kommunikation.

Bei einem verantwortungsvollen Unternehmer besteht normalerweise der Anspruch, Entscheidungen stets auf der Grundlage guter und valider Informationen und Parameter zu treffen, sowie ihre beabsichtigte Wirkung zielgerichtet, überschaubar und abschätzbar zu halten.

Mit der zunehmenden internen und externen Vernetzung eines Unternehmens und einer nicht mehr überschaubaren Reichweite von Entscheidungen und deren Folgen entsteht ein ständig wachsender Bedarf, Entscheidung noch besser mit noch mehr Informationen abzusichern.

Das Gefühl eines latenten „Informationsdefizits" beim Entscheider stellt sich ein.

Um dieses Informationsdefizit zu befriedigen, gibt es im Rückgriff auf herkömmliche Verfahren und Verhaltensweisen grundsätzlich zwei Ansätze:

Umfangreiche und zeitintensive Besprechungen mit Fachleuten einberufen und sich dabei intensiv beraten lassen

oder

sich im Zuge der Entscheidungsfindung selbst auf die Detailebene begeben und sich der Mühe und der Gefahr eines u.U. unstrukturierten spezifischen Detail- bzw. gefährlichen (Halb)Wissens auszusetzen.

Beide Ansätze helfen im schnelllebigen Zeitalter der Digitalisierung nur bedingt weiter und erscheinen bei näherer Betrachtung auf Dauer weder übermäßig effizient noch verlässlich.

Bietet vielleicht die digitale Welt noch einen weiteren Ansatz, der erfolgsversprechender und vor allem strukturierter und verlässlicher die Informationsgewinnung bei der Entscheidungsfindung unterstützt?

Getreu dem Motto, mit Mechanismen und Verfahren unter denen Probleme entstanden sind, kann man Probleme nicht lösen, führt uns ein möglicher Lösungsweg zu den Möglichkeiten, die sich aus der systematischen Analyse von Massendaten mit den Hilfsmitteln der Digitalisierung ergeben. Wie kann ich mir die „Schwarmintelligenz" in Netzwerken hierfür zunutze machen?

Digital aufbereitete Massendaten, deren systematische und zielgerichtete Analyse und die durch ausgefeilte Algorithmen daraus gewonnene Muster und Strukturen geben uns die Möglichkeit, verlässliche Informationen auf Grundlage einer sehr breiten und repräsentativen Datenbasis zu entwickeln.

Insbesondere die zur Anwendung kommenden Algorithmen tragen dazu bei, das Informationsdefizit im Entscheidungsprozess effizient zu beheben. Die Validität der Information wird durch eine breite und repräsentative Datenbasis verfestigt.

Mit Blick und unter Einbeziehung dieser neuen Möglichkeiten, begeben wir uns als Entscheider allerdings auf Neuland. Wir müssen zunächst lernen, diese neuen Verfahren zu nutzen, ihren Ergebnissen zu vertrauen und das Ganze so zu gestalten, dass wir die objektive Kontrolle über die „eigene Identität" und die ganzheitliche Betrachtung in der virtuellen Umgebung nicht vernachlässigen.

Wir geben bei diesem Prozess immer ganz bewusst ein Stück des „Bauchgefühls" auf und lernen, uns bei Entscheidungen auf die „Schwarmintelligenz" der zunehmenden Vernetzung abzustützen.

Auch dies lässt sich an einem Beispiel illustrieren. Wir annoncieren Werbeanzeigen und haben diese früher entweder selbst erstellt oder mittels externer Unterstützung platziert. Die erforderliche Freigabe erfolgte meist mit Bauchgefühl „sieht gut aus" oder „hört sich gut an" also passt. Ein schönes Bild des Produktes dabei und ab in die Medien.

Heutzutage wird Werbung nicht mehr zufällig gestaltet und wahllos platziert. Marktanalysen, Datenaufbereitung und sorgfältige Auswertungen und Analysen führen zu Algorithmen, die uns genau vorgeben, welcher Stil für welche Werbung bei welchem Kundenkreis seine Wirkung am optimalsten erzielen wird. Dies geht sogar derart ins Detail, dass festgelegt wird, auf welcher Seite einer Broschüre Bilder oder Animationen kognitiv besser verarbeitet werden als reiner Text. In der professionellen Werbung gibt es diesbezüglich keine Zufälle mehr.

Die Nutzung von Cloud-Technologien, Smartphones und mobile Anwendungen beinhalten die Option sowohl zur begrenzten als auch zur unbegrenzten Vernetzung.

Wir lernen dabei besser zu verstehen, wie man mit Maschinen über unterschiedliche Sinne interagieren und kommunizieren kann.

Dies geht jedoch mitunter in Bereiche, bei denen beispielsweise in virtuellen Umgebungen unsere Selbstwahrnehmung beeinflusst wird und sich verändert.

Sehr anschaulich ist dies in politischen Wahlkämpfen zu beobachten. Es werden Medienkampagnen in den Printmedien, vor allem aber in den Online und sozialen Medien geführt, die zum Ziel haben, unsere Wahrnehmung von Kandidaten positiv zu gestalten und zu beeinflussen und die eines Gegenkandidaten möglichst zu diskreditieren.

Die hierbei immer gleiche Vorgehensweise ist bekannt: Überzeichnen und Herausheben positiver Eigenschaften auf der einen Seite, gezielte negative Berichterstattung und die Nutzung von Falschinformationen (Fake News) auf der anderen Seite.

Die Mobilisierung unkritischer, wenig intellektuell gebildeter und leicht beeinflussbarer Nutzer ist nicht das einzige Ziel dieser Aktionen. Multiplikatoren und informelle Autoritäten mit vielen „Followern“ gelten als besonders wertvolle Zielgruppe spezieller aufwändiger Kampagnen.

Jeder potentielle Unterstützer und Konsument von Werbung und Kommunikation auf den sozialen Netzwerken wird quasi zum Ziel. Es stellt sich hier immer auch die Herausforderung, wie es gelingen kann, seine Identität im Internet zu erhalten und sich gleichzeitig auch von der virtuellen Umgebung inspirieren zu lassen.

Hier wird ebenfalls sehr deutlich, dass sich Digitalisierung in allen gesellschaftlichen und unternehmerischen Bereichen nicht nur auf den Einsatz und die Nutzung digitaler Hardware und kommunikativer Anbindung reduziert, sondern sich immer ganzheitlich auswirkt. Ein differenzierter und „das Ganze“ überblickender Betrachtungs- und Bewertungsansatz des Menschen vor der Maschine wird erforderlich.

Fragen die sich ergeben sind:

» Was verändert sich mit der Digitalisierung in meinen etablierten Verfahren und Prozessen?

» Welche Auswirkungen ergeben sich auf mein Geschäftsmodell, auf meine Wertschöpfungskette, auf überholte Verfahren aus meiner analogen Welt?

» Welche Berufsbilder der Mitarbeiter in meiner Branche verändern sich dramatisch und entstehen z.T. auch komplett neu?

» Wie wirkt sich dies unmittelbar auf meine Mitarbeiterstruktur, auf Anforderungen der Ausbildung und Weiterbildung meiner Mitarbeiter in meinem Unternehmen aus?

Kommunikation ist und bleibt auch hier ein wesentlicher Schlüssel zum Erfolg. Langjährige gut ausgebildete und erfahrene Mitarbeiter sind gerade in mittelständischen Betrieben die tragenden Säulen der Produktivität und die Garanten für Qualität und der Wettbewerbsfähigkeit des unternehmerischen Engagements.

Sie auf den Weg des digitalen Wandels mitzunehmen, sie für ihren Beitrag bei der Digitalisierung zu sensibilisieren, wird nur gelingen, wenn der Prozess der digitalen Transformation in einem Unternehmen Chefsache ist und bleibt.

Der Chef geht auf dem Weg notwendiger Veränderungen und Anpassungen durch den digitalen Wandel voran und nimmt seine Mitarbeiter durch seine Entschlossenheit und positive Einstellung mit.

Ich kann es nicht oft genug wiederholen, Digitalisierung ist für ein Unternehmen nie nur ein IT-Projekt, bei dem es um die Beschaffung und Integration von Hard- und Software geht.

Digitalisierung ist immer und erster Linie eine sich mitunter disruptiv auswirkende Organisationsmaßnahme, bei der alle Strukturen und Prozesse eines Unternehmens einbezogen werden.

Im Angesicht der bevorstehenden Veränderungen durch Digitalisierung in der Arbeitswelt, müssen Unternehmer deshalb möglichst proaktiv die Weichen stellen.

Was Geschäftsführer egal in welcher Branche, von Amazon, Google, Facebook usw. in ihrem Bemühen ihr Unternehmen perspektivisch aufzustellen lernen können, ist unausweichlich anstehende Prozesse und Veränderungen der Digitalisierung mit offenen Armen zu empfangen und ihre Umsetzung schnell, strukturiert und gezielt anzugehen.

Das schließt ganz bewusst ein, das eigene Business-Modell, auch wenn es schmerzt, dem digitalen Fortschritt anzupassen und es am besten noch als erster im Markt zu revolutionieren.

„Digitalisierung ist nie nur ein IT-Projekt, bei dem es um die Beschaffung von Hard- und Software geht. Digitalisierung ist eine sich mitunter sogar disruptiv auswirkende Organisationsmaßnahme, bei der alle Strukturen und Prozesse eines Unternehmens einbezogen werden."

C. Kühnapfel

FAZIT

Warum verändern wir so ungern?

Warum fallen uns Veränderungen oftmals so schwer?

Die meisten Menschen entscheiden aus den Erfahrungen der Vergangenheit heraus.

Sprich, die Erfahrungen, welche ich in der Vergangenheit gemacht habe, leiten und bestimmen mein Handeln von MORGEN.

Im Zuge der Digitalisierung, muss ich mir allerdings bewusst sein, dass ich mit den Erfahrungen aus der Vergangenheit ggf. nicht mehr weiter komme.

Wir brauchen visionäre Kraft und Ideen, welche uns in Zukunft nach vorne bringen sollen.

Wir brauchen dafür „klar definierte" ZIELE.

Wenn wir nichts verändern, dann bleiben wir da wo wir sind?

IRRTUM!

In der heutigen so schnelllebigen Zeit werden wir scheitern und dort landen, wo wir nicht hinwollen. Deshalb müssen wird die Zukunft mitgestalten. Anpassen und nur Nachmachen funktioniert nicht mehr.

» Nimm nichts nur einfach hin, sondern verändere etwas bei dem, was du dir vornimmst.

» Denke auf Papier - schreibe deine ZIELE nieder.

» Wo siehst du dein Unternehmen in 5 Jahren?

» Wie möchtest du in 5 Jahren arbeiten?

» Worüber hat in deiner Branche noch keiner nachgedacht?

» Gibt es Beispiele, welche Fragen du dir besser jetzt stellen solltest?

» Es reicht jedoch nicht deine Ziele nur zu verschriftlichen, du musst ins HANDELN kommen.

» Nur mit einer disziplinierten Umsetzung wirst du auch deine Ziele erreichen.

Also nutze deine Chancen und komm ins **HANDELN**!

DIGITALISIERUNG

3. RELEVANZ ERKENNEN UND TEILHABE SICHERSTELLEN

Mit Umsetzung der Digitalisierung wird sehr schnell deutlich, dass Daten das neue „Öl" im Getriebe der Wirtschaft sind. Daten bringen jedoch nur dann einen wertschöpfenden Nutzen, wenn sie kapitalisiert werden können.

Analyse („Analytics") und künstliche Intelligenz („Artificial Intelligence (AI)" als wichtige Attribute und Werkzeuge der zunehmenden Digitalisierung ermöglichen die smarte Nutzung von Daten, sowie eine damit verbundene Automatisierung und Optimierung von Funktionen und Prozessen, mit denen sich letztlich digital begründete Effizienzsteigerung und die Gewinnung von Wettbewerbsvorteilen im Sinne einer digital getriebenen Wertschöpfung umsetzen lassen.

„Artificial Intelligence", dynamische Digitalisierung oder digitale Transformation, hat in den letzten Jahren einen immensen Hype und Entwicklungsschub im unternehmerischen Bereich hervorgerufen.

Während im Rahmen des allseits propagierten Projektes Industrie 4.0 besonders die Optimierung und Automatisierung von Produktions- und Logistikprozessen im Vordergrund steht, adressiert die voranschreitende Digitalisierung zunehmend unter Einbeziehung von Algorithmen verstärkt auch administrative, dispositive und planerische Prozesse im Marketing, Sales und beim Management. Unternehmen entwickeln sich dabei stetig weiter auf einem Weg zu einem sogenannten „Algorithmic-Enterprise".

Digitalisierung und digitale Transformation als mögliches Mantra einer zunehmenden Störung und sogar Zerstörung (Disruption) von überkommenen Geschäftsmodellen und der Erschließung von fundamental neuen Märkten, ist mehr als deutlich erkennbar.

Es gibt branchenübergreifend bereits viele Anwendungsbeispiele („Use Cases"), die das Innovations- und Gestaltungspotenzial der „Digitalisierungsevolution" des 21. Jahrhunderts belegen.

„Niemand spricht später über den Typen, der nur darüber nachgedacht hat."

C. Kühnapfel

Entscheider in allen wichtigen Industrienationen und Branchen sind sich in ihren Einschätzungen hierbei grundsätzlich einig. Unbestritten ist und bleibt, dass mit dem unaufhaltsamen Fortschritt der Digitalisierung, die Entstehung eines immenses Veränderungspotenzial in allen Bereichen unternehmerischen Handelns einhergeht.

Digitale Daten und Algorithmen und ihr Veränderungspotential für existierende, aber auch das Potenzial für die Entwicklung ganz neuer Geschäftsprozesse /–modelle lassen sich mit gut ausgebildeten Experten bewältigen.

Hierbei angewandte Methoden reichen von einfacher Hands-On-Analytik mit „Small Data“ bis hin zu komplexer algorithmischer „Advanced-Analytic“ mit „Big Data“.

Nach den bereits großen technologischen Evolutionsschritten Internet, Mobile und „Internet of Things“ sind „Big Data“ und „Artificial Intelligence“ inzwischen längst etablierte Realität geworden.

Hat uns die erste industrielle Revolution ermöglicht, Grenzen körperlicher Arbeit zu überwinden, ermöglichen uns die Innovationen der Digitalisierung auch die Überwindung intellektueller und kreativer Grenzen.

Wir befinden uns damit mitten in einer weiteren Evolutionsphase der Menschheit, in der digitale Innovationen erneut dabei sind, unaufhaltsam fundamentale Systeme und Gepflogenheiten in unseren Gesellschaften drastisch zu verändern.

In den frühen Phasen der industriellen Revolution haben technologische Innovationen die menschliche Muskelkraft ersetzt. In der digitalen-Ära werden unsere intellektuellen Kräfte durch die Digitalisierung und den Innovationen der „Artificial Intelligence“ simuliert, multipliziert und teilweise sogar substituiert. Die dadurch entstehenden grundsätzlich neuen Skalierungs- und Multiplikationseffekte finden ihren Weg in die Prozesse der Ökonomien, in neue Geschäftsmodelle und neu gestaltete Wertschöpfungsketten.

Auf der Basis von Daten und Analytik getriebener technologischer Innovationen entstehen neue digitale ökonomische Systeme. Unternehmen werden zu „Algorithmic-Enterprises“.

Dabei geht es zunächst nicht nur um ein technokratisches Verständnis und Anwendung von Algorithmen, sondern um die Optimierung der digital und damit zunehmend algorithmisch beeinflussten betrieblichen Wertschöpfungsketten, mit dem Ziel, nachhaltig Wettbewerbsvorteile zu erreichen.

Die teuersten Sätze der Welt

„Digitalisierung ist nix für mein Unternehmen!“

„Ja, ich will!“

„Der will nur spielen.“

„Rechts ist frei.“

„Hier, fang!“

„Ups.“

Konkret an einem Beispiel betrachtet, möchte ich hier den Verlauf und das Ergebnis meines 1:1 Coachings im Rahmen der Digitalisierung bei einem mittelständischen Anlagenbauer anführen.

Er konnte erfolgreich sein Geschäftsmodell durch die Digitalisierung entscheidend erweitern und es von einem rein produktzentrierten Modell, hin zu einem Serviceprovidermodell komplexer Anlagen erweitern.

Durch die Integration sensorisch vernetzter Erweiterungen in seinen Anlagen, in Kombination mit der Optimierung von Serviceangeboten im Bereich Wartung und Instandhaltung, hat er dafür gesorgt, seinen Kunden entscheidende Vorteile beim wirtschaftlichen Betrieb und der Optimierung von Anlagenlaufzeiten anbieten zu können.

Dies führte für das Unternehmen am Markt zu entscheidenden Alleinstellungsmerkmalen und Wettbewerbsvorteilen.

Was zeigt uns dieses Beispiel?

» HANDELN und offen sein für Veränderungen

» NEUE WEGE - finden und gehen

» SCHNELLE Umsetzung, um Vorteile am Markt erlangen

» NEUE GESCHÄFTSFELDER mit wiederkehrenden Einnahmen schaffen.

Nimm dir die Zeit und folge dem Link zu den MACHERN:

http://iv1.team-it.group/

„Die Innovationen der Digitalisierung ermöglichen uns auch die Überwindung intellektueller und kreativer Grenzen."
C. Kühnapfel

Die Möglichkeit der Evolution zum „Algorithmic-Enterprise" als Folge einer datenbezogenen und analytisch getriebenen Gestaltung von Geschäftsprozessen und -modellen, hängt unmittelbar mit der Entwicklung des Internets zusammen.

Wir verabschieden uns dabei von dem engen Nutzungsparadigma des Users vor dem Rechner, der eine Webseite abruft. Das „Mobile" hat das „Digital Business" in einem weiteren Schritt noch weiter signifikant verändert.

Mit der „Internet of Things"-Entwicklung, durch Cloud-Nutzungsoptionen und Vernetzungen werden zunehmend viele Devices und Gegenstände „smart" und kommunizieren proaktiv untereinander.

Ein Smartphone ist weit mehr als nur ein Telefon bzw. virtueller Assistent. Es wird als ein externes Speichermedium unseres Gehirns, in dem unsere Gedanken & Tätigkeiten gespeichert sind, genutzt.

Wir kommunizieren mit unserem Smartphone immer und überall. Es gibt viele Menschen und mich eingeschlossen, die sich unvollständig fühlen, wenn Sie Ihr Smartphone einmal nicht zur Hand haben. Das Smartphone ist nicht nur unser ständiger Begleiter, sondern hält auch sensible Daten wie Geschäftsgeheimnisse, Tagebücher, Gesundheitszustand und Kontostand für uns bereit.

Die Digitalkamera in diesen Geräten ist inzwischen so gut, dass wir kaum noch andere Geräte für unsere Fotos nutzen. Überall halten wir Momente fest und kommunizieren diese in Sekundenschnelle mit großer Reichweite und über ganze Kontinente hinweg. Unser gesamtes Interaktions- und Kommunikationsverhalten hat sich dadurch verändert und wir haben diese neue Art und Weise digitaler Kommunikation entweder akzeptiert oder mitgemacht und unser Verhalten darauf eingestellt. Der gerade heranwachsenden Generation ist heute überhaupt nicht mehr bewusst, mit welchem Aufwand man sich noch vor einiger Zeit ganz genau abstimmen musste, bevor man das Haus verließ, um sich z.B. unterwegs mit Freunden oder Geschäftspartner zu treffen.

Diese Entwicklung ist unumkehrbar und unaufhaltsam. Sie bietet Gefahren aber auch große Chancen und die gilt es zu nutzen. „Conversational Interfaces" verändern die Mensch-Maschine-Kommunikation dramatisch schnell – von der Nutzung eines textbasierten Internetbrowers bis hin zum natürlichen Sprachdialog mit Allen und Allem („Internet of Everthing") liegt nur eine sehr kurze Zeitspanne.

„Das Profil der Beschäftigten wird sich ändern. Alles was **automatisiert** werden kann, wird auch automatisiert werden – **Alles**

Der Beratungsbedarf wird nicht abnehmen, er wird zunehmen."

Oliver Bäte, CEO Allianz (Die WELT)

Maschinen schaffen dabei zunehmend neue Freiräume und Möglichkeiten für den Menschen. Das Erfassen, Aufbereiten und Analysieren großer Datenmengen gestaltete sich in der analogen Welt zeit- und ressourcenintensiv.

Das, was bisher in Unternehmen und Agenturen viele menschliche Arbeitskräfte vollzogen haben, kann nun zunehmend durch digitale Technik aufbereitet, analysiert und so automatisiert werden.

Dank Algorithmen lassen sich Prozesse weitgehend automatisieren, so dass für den Menschen mehr Zeit für die Interpretation und Umsetzung der ganzheitlichen Analyse bleibt.

Es ist für den Einzelnen unmöglich, sich die unzähligen im Internet vorhandenen Datenpunkte, sowie die unüberschaubaren Vernetzungen ohne entsprechende digitale Werkzeuge zu erschließen.

Künstliche Intelligenz kann z.B. den Prozess der Kundengewinnung und Wettbewerbsbeobachtung weitgehend automatisieren, sodass sich Mitarbeiter auf die Ansprache identifizierter Neukunden und die Erarbeitung und Ableitung neuer Wettbewerbsstrategien fokussieren können.

Entsprechende Empfehlungen und Handlungsoptionen, die auf künstliche Intelligenz und automatisierte Auswertung zurückgehen, werden jedoch von Unternehmern zu oft noch kritisch, wenn nicht skeptisch, beäugt.

Es fühlt sich am Anfang offensichtlich immer noch seltsam an, automatisierten Empfehlungen zu folgen, die sich aus der Auswertung von Algorithmen und nicht aus eigener unternehmerischer Überlegung oder gar dem „Bauchgefühl" ergeben.

Die positiven Ergebnisse sprechen jedoch für sich und zeigen, dass es im Markt eigentlich unerlässlich ist, sich mit diesen Entwicklungen ernsthaft zu beschäftigen. Nicht umsonst setzen „Big Player" wie Google, Apple, Facebook, Amazon usw. überwiegend bis ausschließlich auf Algorithmen. Die daraus resultierenden Empfehlungen sind grundsätzlich neutral und frei von subjektiven Beeinflussungen.

Sie sind aktuell, schnell und berücksichtigen alle einbezogenen relevanten Faktoren gleichermaßen.

„Apple Music", „Spotify" und andere Musikbörsen nutzen z.B. Algorithmen, die eine Essenz des Konsumentenverhalten darstellen, welche Musik bevorzugt wird und bieten diese dann auch entsprechend zielgerichtet an.

Heute geht es um weit mehr als lediglich eine reine Verkaufsempfehlung bezogen auf ein Produkt. So finden sich auf den Portalen immer mehr Hinweise: „Kunden welche Produkt A gekauft haben, haben auch Produkt B gekauft!"

Die Erkenntnisse der enormen Relevanz von Digitalisierung erzeugt jedoch nicht nur Handlungsdruck in den Unternehmen.

Die Erkenntnis der digitalen Relevanz und die logische und konsequente Umsetzung daraus abzuleitender Folgemaßnahmen ist ein brisantes und vielschichtiges Thema an den Schaltstellen staatlicher Ordnung. Digitalisierung ist eine ständige Herausforderung aller zuständigen Behörden und Institutionen, deren Aufgabe es ist, den öffentlichen Regierungs- und Verwaltungsapparat in die digitale Zukunft zu transformieren.

Es besteht zwar auch die Einsicht und grundsätzliche Erkenntnis, dass die Digitalisierung der Gesellschaft vor dem öffentlichen Verwaltungsapparat nicht Halt macht.

Die Bevölkerung entwickelt zudem eine klare und nachdrückliche Erwartungshaltung, wie die im privaten Sektor zum Teil schon flächendeckend genutzten „Errungenschaften" digitaler Kommunikation und Automatisierung, nun endlich auch in der Kommunikation mit der öffentlichen Verwaltung nutzbar gemacht werden können.

Die „analogen" Mühlen der Verwaltung, mahlen dabei jedoch auch aufgrund z.T. systembedingten Beschränkungen noch sehr langsam.

Die derzeit politisch propagierten Initiativen der Einführung eines flächendeckend und lückenlos verfügbaren schnellen Internets spiegelt eine zähe und längst bekannte Diskussion über Versäumnisse der Vergangenheit wieder.

Sie ist gemessen an den schnell voranschreitenden Entwicklungen eine eher hemmende Diskussion außerhalb der digitalen Themenschwerpunkte. Flächendeckendes Internet und Bandbreite sind unabdingbare Rahmenbedingungen, die keine Diskussion, sondern konsequente Umsetzung gegen jeden insbesondere behördlich administrativen noch spürbaren analogen „Mindset" erfordern.

Solche Diskussionen lenken ab von der dringend notwendigen Umsetzung innovativer Herausforderungen.

Dringlichkeit und Notwendigkeit fordern von den Verantwortlichen endlich auf allen Ebenen eine Priorisierung auf den konsequenten politischen Umsetzungswillen, administrative und verfahrenstechnische Hindernisse zu überwinden. Es ist notwendig, Zuständigkeiten zu bündeln und so zu priorisieren und zu regeln, dass die offensichtlichen grundlegenden Rahmenbedingungen endlich geschafft werden können.

Es ist schon beschämend zu beobachten, welche Kraft und Ressourcen im Gerangel um Zuständigkeiten, Verordnungen und administrativen Verfahren eingesetzt werden, um eigentlich selbstverständliche und grundlegende Rahmenbedingungen in einem der zentralen Zukunftsprojekte zu schaffen.

Die Diskussionen um Initiativen zur Identifizierung noch immer vorhandener „Blind Spots" mobiler Erreichbarkeit, flächendeckend fehlender Verfügbarkeit von ausreichenden Bandbreiten oder auch den Verzögerungen bei der Digitalisierung an den Schulen, in der Ausbildung und der Verwaltung, sowie die sehr oft fehlende Abstimmung der Konzepte digitaler Transformation auf unterschiedlichen Verwaltungsebenen und den daraus noch immer zu verzeichnenden ineffizienten und zudem kostenintensiven digitalen Insellösungen usw., sind letztlich einfach nur frustrierend.

Sie behindert und verzögert eine schnelle, konsequente und zukunftsfähige Entwicklung und fokussierte Umsetzung der digitalen Transformation des unternehmerischen Motors unserer Gesellschaft.

Als Unternehmer darf man sich jedoch bei der Verfolgung und Umsetzung eines innovativen Geschäftsmodells von diesen noch immer fehlenden Rahmenbedingungen nicht abschrecken lassen.

Als ich vor 20 Jahren meine Firma in einer kleinen Stadt am linken Niederrhein gegründet habe, waren meine Forderungen an einen Standort, hinsichtlich ausreichender digitaler Anbindung und für damalige Verhältnisse überdimensioniert großer Bandbreite, für die Bearbeiter in der Verwaltung eine eher exotisch anmutende und sehr visionäre Forderung.

Ich habe mich nicht beirren lassen und nicht auf die Umsetzung und zeitnahe Bereitstellung der für mein Geschäftsmodell notwendigen Rahmenbedingungen im Rahmen einer öffentlichen Planung gewartet.

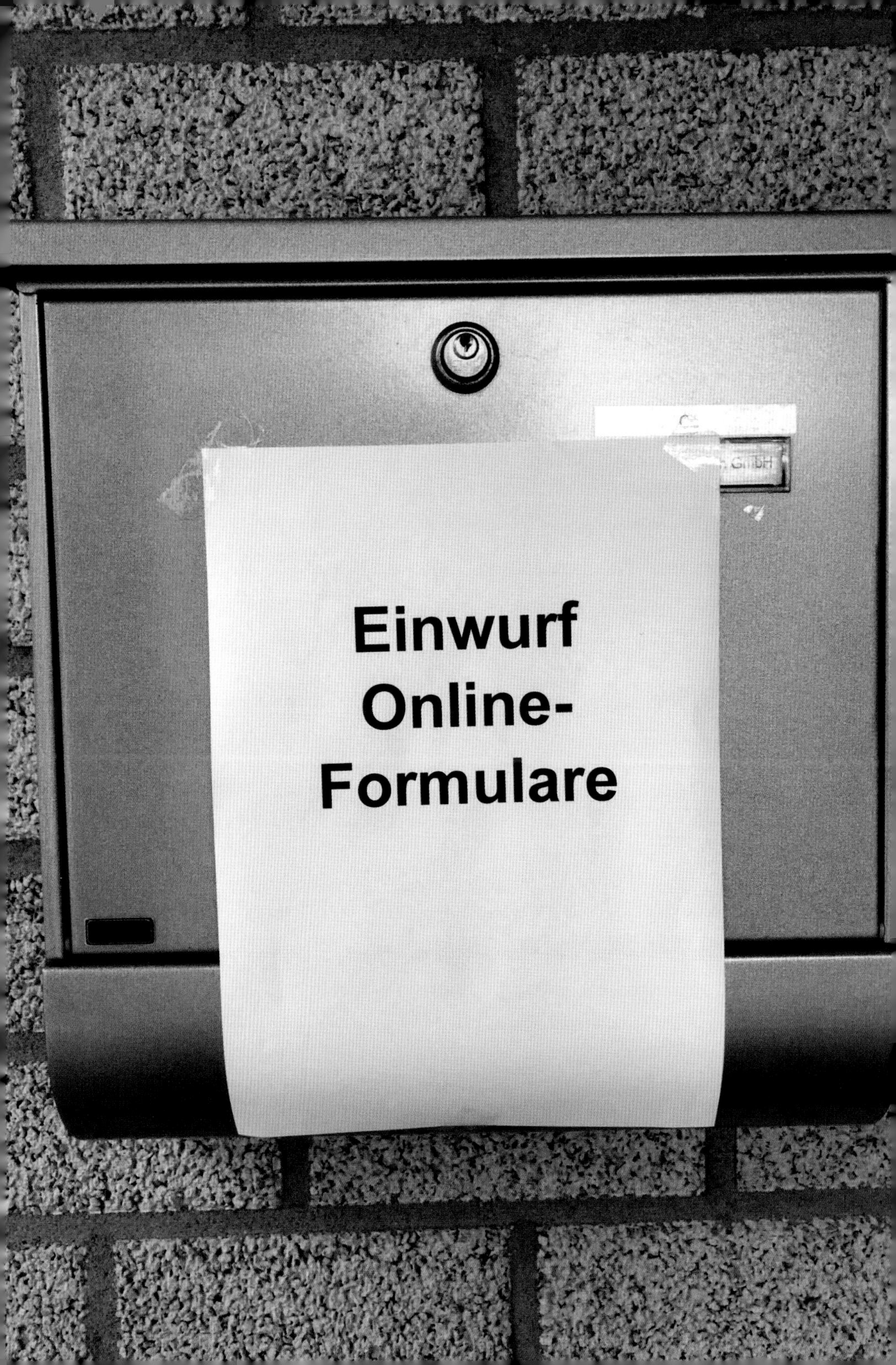
Einwurf
Online-
Formulare

Ich habe mich auch nicht für einen anderen Standort entschieden. Ich war von meinem Geschäftsmodell überzeugt und habe gehandelt und investiert.

Damit konnte ich letztlich eigene maßgeschneiderte Lösungen und Vorstellungen zur digitalen Anbindung meines Unternehmens definieren und verwirklichen.

Ich habe diesen Mangel digitaler infrastruktureller Rahmenbedingungen, der natürlich nicht nur mein Unternehmen betroffen hat und heute noch immer betrifft, im Weiteren sogar zu einem meiner neuen Geschäftsfelder in meinem Serviceangebot gemacht.

Mein Angebot umfasst seitdem alternative technische Lösungen für Unternehmen in Gebieten „digitaler Diaspora". Hiermit kann ich Kunden kurzfristig helfen, sich auch ohne verfügbare öffentliche infrastrukturelle Anbindung, digital anzubinden und zu vernetzen.

Ein entscheidender Faktor zu einer solchen Entscheidung ist natürlich eine solide Kalkulation der Kosten.

Ich habe es jedenfalls für mich durchgerechnet und festgestellt – es rechnet sich. Die unbestimmte Wartezeit bei der Umsetzung einer digitalen infrastrukturellen Anbindung, die sich immer im Zuge öffentlicher Planungen und den Verhandlungen mit einem Provider ergeben, sind nicht nur risikotreibend, sondern letztlich auch wieder kostenintensiv.

In diesen langen Wartezeiten fallen digitale Wertschöpfungserlöse aus, Chancen mit einem Produkt bzw. Service als Erster am Markt zu sein verzögern sich und damit geht der Wettlauf um eine günstige Ausgangsposition in Bezug auf Wettbewerbsfähigkeit in der Spitzengruppe einer Branche ggf. uneinholbar verloren.

Meine Initiative und Investition in die unverzügliche Umsetzung der erforderlichen Rahmenbedingungen hat mir am Ende nicht nur Handlungsspielraum und Zeit, sondern auch umsatztechnischen Gewinn eingebracht.

Abwarten und zögerliches Aussitzen war und ist für mich nie eine valide und gute Handlungsoption unternehmerischen Handelns.

Meine Einstellung war und ist:

Wo noch keine Glasfaser liegt, muss zügig welche hin!

Wo ein Wille da ist auch immer ein WEG!

Gehe ihn, auch wenn er dir nicht bereitet wird!

Nur wer an sein Konzept und seinen Weg glaubt und zukunftsorientiert handelt, der wird auch in der Zukunft erfolgreich sein und bleiben.

FAZIT

Nutze die Daten für dein zukünftiges Geschäft!

Nutze das „Öl im Getriebe" deines Business und entwickle neue Geschäftsideen.

Was kann ich z.B. aus den Daten von Geräten herauslesen und welche kann ich für mein Geschäft bzw. für einen erweiterten Service am Kunden nutzen?

Denke ab und zu mal „quer" und nicht angepasst, wie es die Masse deiner Mitbewerber tut.

Steh ab und zu mal „quer im Stall", dann kommen andere in der Branche vielleicht nicht so einfach an dir vorbei.

Mir fällt dazu ein anschauliches Beispiel ein:

Als Tramper erfolgreicher als andere!!!

WIE? WARUM?

Ein Tramper steht auf der Raststätte A57 bei Goch in Fahrtrichtung Köln mit einem Schild und der Aufschrift: „Nijmegen (Niederlande)"

Ein Fahrzeug hält kurz danach an und der Fahrer macht ihn darauf aufmerksam, dass er auf der falschen Seite der Autobahn stehen würde, da es nach Nijmegen wohl in die andere Richtung geht.

Der Tramper bedankt sich für die Aufmerksamkeit des Autofahrers und entgegnet, dass ihm das sehr wohl bewusst sei und er im Übrigen auch nach Köln müsste. Er ergänzt mit der Frage, ob er ihn, so er ja nun schon einmal bei ihm angehalten hat, nicht auch ein stückweit mitnehmen könne...

HALLO!!!

Was lernen wir daraus?

Einfach mal eine andere Taktik anwenden und erfolgreicher zum Ziel kommen als andere, die immer nur zielfixiert das Ziel vor sich hertragen, aber dabei nicht unbedingt kreativ zielstrebig vorangehen....

Ab und an einfach mal umdenken und testen, ob es mit alternativem Vorgehen nicht erfolgreicher und effektiver funktioniert.

Das Offensichtliche kann jeder – andere und vielleicht auch nur „vermeintliche" falsche Wege denken, kann mitunter sogar schneller zum Ziel führen.

DIGITALISIERUNG

4. DER MITTELSTAND ZÖGERT NOCH

Digitalisierung dringt wie bereits festgestellt unaufhaltsam in alle gesellschaftlichen und wirtschaftlichen Bereiche vor: Industrie 4.0, künstliche Intelligenz, Cloud-Computing, das Internet der Dinge, 3D-Druck, Social Networking, universelle Konnektivität, Small und Big Data, Algorithmen usw. sind viel diskutierte Themen einer zunehmend digitalen Welt. Jede Anwendung dieser Technologien hat bereits die Art und Weise verändert, wie wir kommunizieren, interagieren, arbeiten und leben. Man darf sich nicht der Illusion hingegeben, wir wären am Ende einer Entwicklung, deren Auswirkungen wir bereits beherrschen würden.

Wir stehen erst ganz am Anfang und lernen täglich hinzu. Eine Erkenntnis, welche die Menschen zunehmend in verschiedene Lebensphasen begleitet. Die Schulphase, die Zeit an Universität bzw. Hochschule sowie die Zeit in der Berufsausbildung bleiben in Zeiten der Digitalisierung nicht exklusiv reservierte Lernphasen. In einer digitalen Welt gilt der Anspruch des ständigen (Hinzu)Lernens und der ständigen Anpassung an neue Herausforderungen. E-Training kann und wird i.Ü. auch noch in der Zukunft sehr viel an der Weise wie wir dem gerecht werden verändern.

Unsere Lebensumgebungen und die Art wie wir darin interagieren, verändern sich ständig und fordert uns neu heraus.

Für all jene, die der Überzeugung sind, dass Digitalisierung lediglich bedeutet, einen Computer und ein Smartphone anzuschaffen, eine Social-Media-Präsenz aufzubauen und eine mobile Webseite zu entwickeln, hier die Botschaft erneut: Digitale Technologien verändern nicht nur Organisationsstrukturen, operative Prozesse und Geschäftsmodelle und Wertschöpfungsketten grundlegend, sondern sie verändern Unternehmen ganzheitlich in allen Bereichen.

Diesem Wandel wird sich keine Branche und kein Unternehmen entziehen können. Die erfolgreiche Umsetzung der digitalen Transformation wird letzt-

„Sich der Digitalisierung zu entziehen oder aus welchen Gründen auch immer, an überkommenen Strukturen und Prozessen festzuhalten, ist keine Alternative und in einer bereits weitgehend digitalisierten Gesellschaft nicht mehr möglich."

C. Kühnapfel

lich darüber entscheiden, welche Unternehmen überleben werden und welche nicht.

Viele Unternehmen gerade des Mittelstands zögern und sehen ihre Chancen der Digitalisierung noch nicht oder unterschätzen die Potenziale für sich und ihre Branche.

Sie bleiben vielfach auch aus Verunsicherung auf vermeintliche Risiken fixiert und scheuen damit die Teilhabe und den Weg der Veränderung und Anpassung im Zuge des digitalen Wandels.

Was ihnen in ihrem Zögern und der Scheu vor Veränderung und Anpassung vielleicht fehlt, ist ein überzeugendes Bewertungs- und Vorgehensmodell, welche ihnen die Relevanz und die Potenziale einer digitalen Transformation aufzeigt, individuell auf ihr Unternehmen und ihre Branche bezogen.

Was fehlt ist so etwas wie eine maßgeschneiderte Checkliste oder ein Wegweiser auf dem Weg des digitalen Wandels.

Ein auf individuelle Bedürfnisse angepasster Transformationsplan ist gefragt.

Gleichzeitig realisieren viele Unternehmer durch die zunehmende Digitalisierung bei Mitbewerbern, dass einerseits die Gefahr einer zunehmenden Disruption, also der Zerstörung überkommener Geschäftsmodelle, tatsächlich stattfindet. Andererseits nehmen Sie dadurch Chancen der Digitalisierung zur Erschließung neuer Märkte besser wahr und auf. In einer Studie aus dem Jahr 2016 hat das Zentrum für Europäische Wirtschaftsforschung[1] hierzu eine sehr anschauliche und ergänzende Untersuchung veröffentlicht und kommt zum Ergebnis, dass die Dynamic der Digitalisierung in mittelständischen Unternehmen bei Weitem noch nicht ausgeschöpft ist und weiterhin ausbaufähig bleibt.

Nur ein Fünftel der mittelständischen Unternehmen hat demnach mit der digitalen Vernetzung von Produkten und Dienstleistungen begonnen und wird zu sogenannten„Vorreitern" gezählt. Aufgrund der Untersuchung in der Studie können mittelständische Unternehmen grundsätzlich drei Gruppen zugeordnet werden: Knapp ein Fünftel zählen zu den „Vorreitern", etwa die Hälfte der Unternehmen befinden sich im„Mittelfeld" und ca. ein Drittel gehören zu den „Nachzüglern" der Digitalisierung. Bei den „Nachzüglern" bestehen wesentliche Defizite selbst in der grundlegenden digitalen Infrastruktur, wie z.B. in der

1 (ZEW) Zentrum für Europäische Wirtschaftsforschung; 2016; Digitalisierung im Mittelstand: Status Quo, aktuelle Entwicklungen und Herausforderungen

„Die erfolgreiche Umsetzung der digitalen Transformation wird letztlich darüber entscheiden, welche Unternehmen überleben werden und welche nicht."

C. Kühnapfel

Verfügbarkeit einer eigenen Webseite oder dem Einsatz einer Enterprise Ressource Planning (ERP) Software. Zu dieser Gruppe zählen insbesondere Unternehmen mit weniger als 50 Mitarbeitern/innen.

Kennzeichnend für Unternehmen im Mittelfeld ist laut der Studie, dass die digitale Vernetzung zumindest in einigen Bereichen bereits genutzt wird, um eine erhöhte Flexibilität, Interaktivität und sinnvolle Verknüpfung von komplexen Informationen zu realisieren.

Als „Vorreiter" gelten Unternehmen, für die digitale Produkte oder Dienste ein wichtiger Bestandteil des Geschäftsmodells sind, ihren Kunden Apps für bestimmte Produkte oder Dienste anbieten oder Industrie 4.0 Projekte durchführen.

Selbst in den meisten „Vorreiter Betrieben" ist die Digitalisierung jedoch noch deutlich ausbaufähig.

In der öffentlichen Diskussion, die sich mit den Thematiken Industrie 4.0 und digitale Plattformen beschäftigt, kann der Umstand nicht ignoriert werden, dass ein großer Teil mittelständischer Unternehmen noch erhebliches Ausbaupotenzial auf einer eher grundlegenden Stufe haben. Einschränkend bzw. bremsend wirken sich auch hier die noch immer vorhandenen Defizite und Einschränkungen einer nicht flächendeckend verfügbaren digitalen Infrastruktur aus.

Hinzu kommt, dass nur ein Bruchteil der Unternehmen im deutschen Mittelstand überhaupt über eine Strategie und ein maßgeschneidertes Konzept für die Digitalisierung ihres Unternehmens verfügen.

Was vielen Unternehmern also häufig fehlt, ist der entscheidende „Push" basierend auf einer schlüssigen Beratung und verständlichen Dokumentation. Dieser Schritt muss den inhaltlichen Brückenschlag der Digitalisierung und ihrer Methodik, zu den Business-Szenarien, den Mehrwertpotenzialen und der digitalen Wertschöpfung in unternehmerischen Prozessen in verständlicher und logischer Form aufzeigen.

Am Anfang steht dabei jedoch immer die Formulierung einer klaren Zielvorstellung. Welche Ziele und welche Chancen will ich im Zuge der Digitalisierung erreichen und umsetzen. Dieses für viele Unternehmer komplexe digitale Neuland bedarf eines guten und kompetenten Coachings und einer qualifizierten Begleitung.

„DIGITALISIERUNG
IST KEIN
SCHNUPFEN!"
C. Kühnapfel

Es ist eine der wesentlichen und aktuellen Herausforderungen, den nachvollziehbaren Brückenschlag zwischen Digitalisierung und dem „Business-Use" und „Business-Case" insbesondere für viele mittelständische Unternehmen und Industriebereiche ständig zu verdeutlichen und umzusetzen.

Dennoch ist erwiesen, dass vier Fünftel der mittelständischen Unternehmen in den Jahren 2013 bis 2015 Digitalisierungsprojekte durchgeführt haben.

Der Verlauf der digitalen Transformation umfasst unabhängig von der Größe des Unternehmens vier Phasen:

Phase 1 – Sensibilisierung/Orientierung: Wo stehen meine Branche und mein Unternehmen bei der Digitalisierung aktuell?

Phase 2 – Realisierung/Analyse: Welche Herausforderungen kommen mit der Digitalisierung auf mein Unternehmen zu?

Phase 3 – Transformation/Bewertung: Wie kann mein Unternehmen die digitale Transformation erfolgreich umsetzen?

Phase 4 – Stabilisierung/Ausrichtung: Wie kann ich konstanten Wandel und Innovation perspektivisch in meinem Unternehmen verankern?

Unternehmer müssen sich im Klaren darüber sein, dass die Digitalisierung das Unternehmen ganzheitlich betreffen wird und erhebliche Veränderungen und Anpassungen erforderlich macht.

Es ist wichtig zu verstehen, dass Auswirkungen auch auf das Geschäftsmodell eintreten werden. Es wird perspektivisch erforderlich sein, einen ständigen Prozess und eine Kultur des Wandels und der innovativen Anpassung im Unternehmen zu etablieren. Während die ersten drei Phasen das Überleben des Unternehmens sicherstellen, ist die letzte notwendig, um die digitale Transformation als nachhaltigen und zukunftsfähigen Wert für das Unternehmen zu etablieren.

Unternehmen bleibt heutzutage nur eine Zeitspanne von zwei bis fünf Jahren für die Transformation. Ein Grund hierfür sind unter anderem die immer kürzer werdenden Technologiesprünge.

Mit der
Digitalisierung
wird es perspektivisch
auch erforderlich sein,
einen ständigen Prozess
sowie eine Kultur des
Wandels und der
innovativen Anpassung
in einem Unternehmen
zu etablieren.
C. Kühnapfel

Branchen, in denen der Wandel früher eingesetzt hat, wie beispielsweise im Mediensektor und im Einzelhandel, hatten noch fünf bis zehn Jahre Zeit sich auf den digitalen Wandel einzustellen.

In allen vier Phasen bleiben die Mitarbeiter ein wesentlicher Erfolgsfaktor auf dem Weg der digitalen Transformation.

Um konstanten Wandel und Innovation auch zukunftsfähig zu ermöglichen, wird sich die Unternehmenskultur grundlegend verändern müssen. Dies bedeutet immer auch einen erheblichen Einschnitt für die Mitarbeiter und muss deshalb „top down", ausgehend von der Unternehmensspitze, mit Durchgriff auf alle Bereiche und Prozesse angestoßen und mit gelebt werden. Es gilt neben einer qualifizierten externen Beratung insbesondere in den ersten Phasen immer auch die Empfehlung, einen internen „Digital Leader" dauerhaft zu benennen bzw. einzurichten.

Diese Person muss nicht nur umfassende Erfahrungen im Bereich Digitalisierung haben, sondern auch die kommunikative Fähigkeit, diese weiterzugeben und sie als Mentor sowohl gegenüber der Geschäftsführung als auch den Mitarbeitern zu begleiten.

FAZIT

WARUM ZÖGERN BEI DER DIGITALISIERUNG?

» Ist es das unklare ZIEL?

» Ist es die extreme UNSICHERHEIT?

» Weißt du nicht, was du TUN sollst?

» Machst du deswegen NICHTS?

» Nichtstun ist das Gegenteil von ERFOLG!

Wenn das die Gründe sind, warum du nicht ins Handeln kommst, dann suche dir einen qualifizierten und erfahrenen Coach.

Kein Profifußballverein, kein Fußballprofi arbeitet ohne Coach („Trainer")!

Genau in diesen zögerlichen Situationen brauchst du eine Sicht von außen, um Ideen zu entwickeln und Ausflüchte und Ausreden über Bord zu werfen.

Wenn du dein ZIEL klar vor Augen hast, dann habe ich hier noch ein paar Tipps für DICH.

» Denke jeden Tag an dein Ziel

» „ABER" steht nie am Anfang deiner Sätze

» Wenn du denkst du läufst in eine Sackgasse, prüfe den Weg und umgehe sie

» Nur HANDELN bringt dich zum Ziel

» Schreibe ein Tagesjournal und plane direkt den nächsten Tag

» Führe eine „NOT TO DO" Liste und behalte den Fokus auf das was du erreichen möchtest

» Schreibe auf WARUM du dieses ZIEL hast

» Arbeite hart an deinem ZIEL

» FOKUS

Egal in welcher neuen zukunftsträchtigen Entwicklung wir uns auch befinden, wir haben alle nur die 24 Stunden am Tag.

Mit der richtigen Einstellung und dem System der Digitalisierung ist exponentielles Wachstum möglich.

Also, wir müssen ZEIT und GELD richtig voneinander trennen.

5. DIGITALISIERUNG

CHANCEN UND RISIKEN

Um Chancen und Risiken in der Digitalisierung richtig zu bemessen und zu bewerten, ist es erforderlich sich darauf zu besinnen, dass der Begriff der Digitalisierung nur dann substantiell aussagekräftig wird, wenn sie im Zusammenhang mit dem Kontext ihrer Einsatz- und/oder Arbeitsumgebung beschrieben wird.

Digitalisierung als alleinstehender Begriff verwendet, ist eine Worthülse bzw. ein Modebegriff, dessen Aussagekraft ohne Zweckbezug oder Kontext stets unvollständig bleibt.

Der Einsatz von digitalen Technologien erfolgt jedoch nie im leeren Raum, sondern um im Beispiel des unternehmerischen Bereiches zu bleiben, immer im Kontext eines Geschäftsmodells. Digitalisierung lässt sich erst in einem Kontext in konkret fassbare Zielvorstellungen operationalisieren.

Jeder Unternehmer möchte mit der Digitalisierung seines Unternehmens etwas erreichen und hat normalerweise klare Vorstellungen davon, welche Ziele er erreichen möchte.

An dieser Stelle wird es für viele Unternehmer jedoch zunehmend komplexer und zum Teil unübersichtlich. Digitalisierung entwickelt eine eigene Dynamik und wirkt sich auf alle Aspekte des Geschäftsmodells aus.

An dieser Stelle möchte ich als Beispiel mein Vorgehen und einige Aspekte der Entscheidungsfindung im Zusammenhang mit der Expansion meiner Firma anführen.

Mein Geschäftsmodell war seit jeher für mich überzeugend und ich wollte den Standort meiner Firma in der Umgebung meines Heimatortes beibehalten. Das anvisierte Grundstück in einem Industriegebiet verfügte jedoch nicht über die notwendige digitale Anbindung und vor allem nicht über die benötigte Bandbreite für ein zukunftsfähig ausgerichtetes IT-Service Unternehmen.

Mein Motto war nie „abwarten und irgendwann tut sich etwas", sondern immer „Finde dich nicht ab mit Widrigkeiten - sondern überwinde sie".

Wenn du von deinem Geschäftsmodell überzeugt bist – HANDLE – und überwinde Widrigkeiten.

Suche nach Lösungen und verfolge sie konsequent.

In der Welt der Digitalisierung gibt es für alle Herausforderungen Lösungsansätze und Alternativen.

Also habe ich nicht auf die 50.- Euro Flatrate Lösung in einer zeitlich unbestimmten Zukunft gewartet, sondern in Eigeninitiative Maßnahmen ergriffen, welche eine bessere Umsetzung meines Geschäftsmodells zeitnah ermöglichte.

Ich habe an meine Chancen und meinen Weg geglaubt und investiert und selbst über einen Provider für die notwendige breitbandige digitale Anbindung gesorgt.

„Wo ein Wille ist – ist auch immer ein Weg!"

Da die anderen Firmen in diesem Gebiet ebenfalls unter den fehlenden digitalen Rahmenbedingungen zu leiden hatten, habe ich spontan meine Angebotspalette erweitert und ihnen eine passende kabellose digitale Anbindung über eine alternative technische Lösung (Richtfunk) angeboten.

Damit konnte ich Teile meiner eigenen Investition sogar refinanzieren. Eine klare Win-Win Situation für alle Beteiligten war entstanden.

✓	Chance gesehen
✓	Chance genutzt
✓	Nicht vom Weg abbringen lassen
✓	Hindernisse schnell überwunden
✓	Win-Win Situation herbeigeführt

„Fortschritt verdanken wir den Nörglern. Zufriedene Menschen wünschen keine Veränderung."

Herbert Georg Wells

Wir haben festgestellt, dass Digitalisierung mit hoher Wahrscheinlichkeit auch einen disruptiven Effekt auf überkommene Strukturen und Prozesse hat.

Genau dies kann sich natürlich im Zuge der Digitalisierung auch auf die verschiedenen Aspekte des Geschäftsmodells beziehen.

Der einmal angestoßene digitale Wandel wirkt sich unmittelbar auf das Produkt bzw. die Dienstleistung, den Angebots- und Verkaufsprozess, den Vertrieb und insbesondere der Kommunikation mit dem Kunden über das Produkt/ die Dienstleistung aus.

Wenn man alle Aspekte ganzheitlich betrachtet, kann es dazu führen, dass sich am Ende ein völlig verändertes Produkt / Dienstleistung durch den digitalen Wandel ergibt.

Die grundsätzliche Entscheidung zur Digitalisierung ist wiederum nicht nur eine Entscheidung über den Einsatz von digitaler Technik im Bereich der Daten und Kommunikation, sie ist immer eine grundsätzliche Entscheidung über die gewollte umfassende und ganzheitliche Innovation des eigenen Geschäftsmodells.

Die wichtige und initiale Entscheidung ist, ob nur einige ausgewählte Aspekte der Wertschöpfungskette mit der digitalen Innovation beglückt, oder ob das Geschäftsmodell an sich digitalisiert werden soll.

Hier gilt eigentlich die grundsätzliche Regel,„Stückwerk im Input - bleibt Stückwerk im Output."

Beide Wege beinhalten Chancen und Risiken. An dieser Stelle über das Thema Risikomanagement zu reden, ist deshalb nicht nur sinnvoll, sondern auch notwendig.

Vielen mittelständische Unternehmer fehlt es an einem solchen systematischen Risikomanagement. Kennzahlen, Steuerberater, vor allem Erfahrungen (allerdings aus einer analog geprägten Vergangenheit) und„Bauchgefühl" sind oft noch die tragenden Resonanzböden, mit denen strategische unternehmerische Entscheidungen und vor allem neue Geschäftsfelder und Investitionen im Mittelstand vorbereitet werden.

Häufig basiert Strategie und Risikomanagement auf überkommenem Denken und einem Geschäftsmodell, dass die Verharrung auf ein ausschließlich produktionszentriertes Modell manifestiert. Die Chancen des digitalen Wandels hinsichtlich Ergänzung und Anpassung werden nicht hinreichend erkannt und einbezogen.

„Finde Dich nicht ab mit Widrigkeiten und warte, dass Dir der Weg geebnet wird. Wenn Du von deinem Geschäftsmodell überzeugt bist – HANDLE – und überwinde Widrigkeiten. Suche nach Lösungen und verfolge sie konsequent. In der Welt der Digitalisierung gibt es für alle Herausforderungen Lösungsansätze und Alternativen."

C. Kühnapfel

Es ist eine nicht zu verkennende Tatsache, dass jeder der heute ausschließlich über das Produkt in Konkurrenz mit seinen Mitbewerbern tritt feststellt, dass durch die Globalisierung der Märkte die Produktionskosten ausländischer Bewerber oft genug unter denen vor Ort liegen.

Seine Chancen zu erkennen, an seine Geschäftsidee zu glauben und sie konsequent zu verfolgen, ist eine Frage des richtigen Instinkts und vor allem des „Mindsets".

Eine richtig fokussierte Denkweise („Mindset") ist notwendig, um sein Produkt im Zuge der Digitalisierung fortzuentwickeln und es „as a Service" anzubieten. Dies kann u.U. zu einem entscheidenden Alleinstellungsmerkmal „meiner neuen Marke" werden, mit dem man sich im Markt neue und bessere Perspektiven und Chancen erarbeiten und sich gegenüber den Mitbewerbern der gleichen Branche vorteilhafter positionieren kann.

Im Zusammenhang mit der Ausprägung der Digitalisierung im Mittelstand zeigt sich, dass die immer noch zögerliche Umsetzung der Digitalisierung u.a. auch daran liegt, dass mittelständische Unternehmer sehr oft zunächst Vorgehensweisen und Reaktionen in ihrer Branche beobachten und abwarten.

Es sind komplexe und einschneidende Schritte, die einen Unternehmer auf dem Weg der Digitalisierung erwarten. An der Berücksichtigung neuer IT-Technologien führt jedoch über kurz oder lang in keiner Branche ein Weg vorbei. Wer sich nicht auf den Weg der digitalen Transformation begibt, wird zurückbleiben und über kurz oder lang nicht mehr konkurrenzfähig sein.

Um Chancen und Risiken auf dem Weg in die digitale Zukunft für ein Unternehmen individuell zu erfassen und bei den notwendigen Veränderungen in ein ausgewogenes Verhältnis zu stellen, ist es notwendig, sich einen erfahrenen Berater und ausgewiesenen IT-Spezialisten an die Seite zu holen, der den Weg der digitalen Transformation mit aufbereitet und neue Denkansätze mitbringt und umsetzen hilft.

Digitalisierung in einem Unternehmen erfordert vor allem auch die nachhaltige Bereitschaft und Fähigkeit zu einer strukturellen und organisatorischen Anpassungsfähigkeit. Anpassung bedeutet letztlich Veränderungen.

Veränderung benötigt stets ein strukturiertes Vorgehen: Zumindest ein Ziel, Planung, Übersicht, Lenkung und Kontrolle.

„Die grundsätzliche Entscheidung zur **Digitalisierung** ist nicht nur eine Entscheidung über den Einsatz von digitaler Technik im Bereich Daten und Kommunikation, sie ist immer eine grundsätzliche Entscheidung über die gewollte umfassende und **ganzheitliche Innovation** des eigenen Geschäftsmodells."

C. Kühnapfel

In meinem Betrieb haben mich meine Mitarbeiter gefragt: Warum verändern wir immer so viel und so oft bei uns? Um meine Antwort zu illustrieren, ziehe ich hierzu beispielhaft einen speziellen Vergleich kleiner und großer Unternehmen heran.

Ein Unterschied zwischen kleinen, mittleren und großen Unternehmen lässt sich am Verhalten und der „Empathie“ der Mitarbeiter gegenüber dem eigenen Unternehmen aufzeigen. In großen Unternehmen und Konzernen tendieren Mitarbeiter eher dazu, selbst fixiert zu agieren und sich weniger dem „Big Picture“ und der Identität des Unternehmens zuzuwenden. Dominant werden Aspekte wie interne Umstrukturierungen, Machtgefüge, Aufstieg in der Hierarchie und immer dabei „wer mit wem mal wieder was“ ...

Der Markt, der Kunde und der Wettbewerb geraten dabei leicht aus dem Blick und in den Hintergrund. Mich hat das immer negativ berührt und beeindruckt. Ich habe mich gefragt: Wie und warum lässt eine Unternehmensführung Tendenzen zu, die das mit Abstand Wichtigste - den Kunden - vernachlässigt?

Deshalb habe ich meinen Mitarbeitern einen wesentlichen Grundsatz meiner unternehmerischen Philosophie, nämlich „vom ENDE, vom Kunden her zu denken“, immer und immer wieder vermittelt und ihnen ihre Rolle und ihren Beitrag dabei aufgezeigt.

Nahe am Kunden bleiben und hinhören, was der Kunde erreichen möchte und welchen Beitrag er von uns erwartet.

Es geht mir darum, gemeinsam mit qualifizierten und kompetenten aber auch begeisterten Mitarbeitern den Kundenwunsch vollständig zu verstehen und zu bedienen.

Ich habe mir hier zum Beispiel auch sehr konkrete Gedanken darübergemacht, wie man im Rahmen der Digitalisierung für ein gutes Betriebsklima und in der Folge zur Steigerung der Produktivität sorgen kann.

Mein Anspruch ist jedoch, nicht nur zufriedene, sondern begeisterte Kunden zu haben.

Deshalb ist eine vollständige Erfüllung des Kundenwunsches eigentlich nur das Minimum.

Mein Bestreben ist es, das gewisse Extra an Leistung für den Kunden bereits bei der Formulierung seiner Zielvorstellung im Auftrag, durch eine ganzheit-

„Seine Chancen erkennen,
an seine Geschäftsideen
glauben und sie konsequent
verfolgen, ist eine Frage
des Instinkts und
des „Mindsets"."
C. Kühnapfel

liche Betrachtung seines Unternehmens einzubeziehen. In der Folge werden Wechselwirkungen und Anpassungen im Hinblick ein vielleicht sogar besser geeignetes Produkt oder eine optimalere Serviceleistung logisch und nachvollziehbar abgeleitet und aufzeigt.

Daraus resultierenden Anforderungen - auch an uns selbst - gilt es deshalb bei jedem Auftrag neu zu justieren, zu fokussieren.

Meine Begründung, warum ich in diesem Prozess zusätzlich immer so viel verändere, ist relativ einfach darzulegen.

Für mich zählt die regelmäßige Initiierung einer „kreativen Unruhe" zu den wesentlichen Erfolgsfaktoren unternehmerischer Führungskultur.

Du musst dich selbst, dein Team und dein Unternehmen von Zeit zu Zeit immer mal wieder hinterfragen und dabei in Unruhe versetzen.

Hierdurch vermeidest du, dass sich die innovativen Kräfte im Unternehmen zu viel mit Belanglosigkeiten beschäftigen und sich mit ihren Kräften und Einsatz abseits des Schwerpunktes der Wertschöpfung bewegen.

Wenn es vom Markt her keinen Druck gibt, wenn der Wettbewerb dich in Ruhe lässt, dann gilt es aus meiner Sicht, sich auf andere Weise internen Innovationsdruck zu verschaffen und zu fokussieren.

Wie? - durch die Formulierung ehrgeiziger Ziele und die Initiierung permanenter Aktionen, welche die Zielerreichung unterstützen!

„Für mich ist ein wesentlicher Erfolgsfaktor unternehmerischer Führungskultur immer auch kreative Unruhe!"

C. Kühnapfel

In den 20 Jahren meiner unternehmerischen Tätigkeit habe ich in diesem Sinne permanent erfolgreich für „kreative Unruhe" gesorgt.

Neue Produkte, neue Strukturen, veränderte Arbeitsbedingungen etc. - kommen letztendlich der eigenen Weiterentwicklung zugute!

Nehmen wir als illustrierendes Beispiel die Frage, warum gerade jetzt ein neues größeres und anderes Gebäude für die Firma?

Ja, wir brauchen für die Zukunft eine bessere Infrastruktur und auch mehr Platz. Aber es gibt da auch eine Reihe von unterschwelligen Motivationen und Begleiterscheinungen dieser Veränderung, die man gerne im ersten Ansatz übersieht.

Es werden im Zuge der infrastrukturellen Veränderung auch andere eingeschliffene betriebliche Parameter anzupassen sein.

Es geht nur vordergründig ums Umziehen. Es geht dabei auch um den Umsetzungsprozess und die daraus erzwungenen Veränderungen und Anpassungen.

Triviale Dinge wie Raumeinteilungen, Sitzanordnungen, Schrankinhalte, Lagerbestände, Teamzusammensetzungen und etablierte Verfahren werden hinterfragt und neu überdacht.

Das ganze Vorhaben gestaltet sich immer auch ein bisschen, wie „den Keller aufräumen" oder „die Garage entrümpeln".

Man sagt ja auch: Je mehr Dinge du hast, desto mehr haben die Dinge dich.

Nach einer Umzugsmaßnahme mit System geht es dir nach der „Entrümpelung" in der neuen Umgebung besser.

Als Führungskraft meiner Firma folge ich im normalen Geschäftsbetrieb konsequent diesem Prinzip.

Alle paar Wochen finden neue Aktionen statt, oder ich verändere mal wieder das Arbeiten durch ein neues kurzfristiges Ziel, welches uns richtig fordert!

Dann eine Phase der Regeneration, bevor sich das Spiel wiederholt.

Unruhe, Bewegung und Veränderung haben grundlegend auch mit dem Wachstum zu tun.

Ohne Veränderung und der dazu gehörenden Phase der Unruhe kein Wachstum.

Produktlaunch, Rückgewinnung von Kunden, Neukundengewinnung, regelmäßige Preisanpassungen und so weiter erfordern Kreativität und sorgen dabei auch für Unruhe.

Wann wächst ein Muskel? Wenn er einen Widerstand zu überwinden hat. Danach passt er sich an. Mit Wachstumssteigerung verhält es sich ähnlich.

Eine weitere Frage meiner Mitarbeiter war, warum ich in meinem Unternehmen immer wieder auch die Preisgestaltung verändere.

Der Preis am Markt definiert sich traditionell im Wesentlichen als Ergebnis von Angebot und Nachfrage.

Wenn sich die Nachfrage ständig ändert, muss sich folglich der Preis ebenfalls ständig ändern und anpassen.

In Zeiten der Digitalisierung und der Geschäftsabschlüsse im Internet, kommen bei der Preisgestaltung zusätzliche Einflussfaktoren, wie z.B. die Automatisierung im Internet und die Anwendung von Algorithmen hinzu. Dieses hat vermutlich jeder einmal bei einer Internetbuchung beobachtet.

Wenn man also als Beispiel einen Flug oder Pauschalreise im Internet bucht, dann macht man das besser im „anonymen Browser-Modus".

Warum? Weil es sonst teuer für dich werden kann. Erst recherchierst du normalerweise online die möglichen Angebote und hinterlässt dabei deine digitale Signatur. Dann sprichst du die Details mit deiner Reisebegleitung ab und erst dann buchst du. Zwischen Recherche, Abstimmung und Buchung verändert sich (durch einen Algorithmus des Anbieters) online der Preis meist nach oben.

Logisch, denn wenn der „online bekannte" Kunde jetzt wiederkommt, dann wird er mit hoher Wahrscheinlichkeit auch buchen wollen. Also versucht der Anbieter mit großer Wahrscheinlichkeit auch einen höheren Preis zu verlangen.

Die grundsätzliche Kaufentscheidung ist ja schon vor dem zweiten Besuch auf der Webseite gefallen. Der Preis ist und bleibt ein Produkt von Angebot und Nachfrage.

Dieses zu beobachtende Standardverfahren ist im Online- Handel absolut üblich.

Ein Dienstleister mit Fixpreisen auf der Website? Finde den Fehler.

Eine Tankstelle mit Fixpreisen? Finde den Fehler. Und so weiter...

Wir möchten natürlich „online" auch mit Preisen arbeiten, die sich an der „online" Nachfrage orientieren. Dies können und müssen wir auch unbedingt tun.

Für die notwendige „online" Nachfrage wird mit den geeigneten und vielschichtig verfügbaren digitalen Marketingmaßnahmen gesorgt.

Genau hier liegt auch ein Grund, warum ich so viel Energie in die MARKE investiere.

> „BIG DATA IST LÄNGST REALITÄT
>
> JETZT GEHT ES DARUM, DIE DATEN ZU NUTZEN UND IN ALLTÄGLICHE PROZESSE ZU INTEGRIEREN.
>
> STELLEN SIE SICH NICHT DIE FRAGE, OB SIE DIES TUN WOLLEN.
>
> STELLEN SIE SICH DIE FRAGE, WIE UND WANN SIE DIES TUN WOLLEN!"
>
> Daniel Münter

All diese Beispiele zeigen Bereiche, die mit den Veränderungen im Zuge der digitalen Transformation von Unternehmen betrachtet und berücksichtigt werden müssen. Ein dazu sinnvolles und strukturiertes Agieren bzw. Veränderungsmanagement beschreibt die Vorgehensweise und Wechselwirkungen im Zusammenhang mit strukturellen, organisatorischen und prozessualen Veränderungen in Unternehmen.

Hierbei angewandte prinzipielle Regeln gelten ebenso für Unternehmen, die dem Anpassungsdruck und den Veränderungserfordernissen der digitalen Transformation ausgesetzt sind.

„Man kann den Wind nicht ändern, aber die Segel anders setzen."

Aristoteles

Wer sich für den digitalen Wandel für sein Unternehmen entschließt, hält sich an die grundlegenden Gesetze eines strukturierten, systematischen Veränderungsmanagements. Unternehmer werden Konsequenzen d.h. Chancen und Risiken ihres Handelns auf dem Weg des digitalen Wandels abschätzen und in ihre unternehmerischen Entscheidungen einfließen lassen. Dazu gehört das generelle Verständnis, dass jede Veränderung das System – hier: das Unternehmen – zunächst einmal aus einem stabilen Zustand auf der elementaren Ebene in eine Phase der Disruption und der Verunsicherung führt.

Diese elementare Ebene ist grob umschrieben die Ebene eines Unternehmens, die sich nicht in Führungsverantwortung befindet und die keinen Einblick und keinen Zugang zu den strategischen Entscheidungen hinsichtlich der langfristigen Ausrichtung des Unternehmens hat.

Auf den Ebenen über der elementaren Ebene, also der prozessualen und strukturell beeinflussenden Führungsebene sollte der Übergang bei Veränderungen jedoch kontrolliert und gesteuert von einem stabilen System in ein anderes stabiles System erfolgen.

Jedes System strebt nach einer Veränderung und Disruption auf der elementaren Ebene, nach einer gewissen Zeit immer wieder in einen stabilen Zustand zurückzukehren.

Solche Grundregeln und Konsequenzen im Veränderungsmanagement einzukalkulieren und die Phase der Disruption und auch des Chaos auf der elementaren Ebene einzukalkulieren und zu ertragen, unterscheidet Unternehmer von Managern.

Unternehmer sorgen in der Planung dafür, dass sich ihre Unternehmen im Zuge von Veränderungen aus einem stabilen Zustand durch die Phase der Veränderung und Anpassung immer wieder zurück in einen stabilen Zustand begeben.

Manager fokussieren sich meist auf die Veränderungsphase und die zu verändernden Objekte in einem Unternehmen. Sie verändern Strukturen, Prozesse und Verfahren und erzeugen damit zumindest vorübergehend die chaotische Verunsicherung auf der elementaren Ebene eines Unternehmens.

„Digitalisierung liegt in der Verantwortung des Chefs, mit Durchgriff auf alle Bereiche und Prozesse des Unternehmens!"
C. Kühnapfel

FAZIT

„Stückwerk im Input - bleibt Stückwerk im Output."

Bauchgefühl alleine reicht nicht mehr aus um unternehmerisch zu handeln

Ermittle & kenne deine „Kennzahlen"

Finde dich nicht mit widrigen Gegebenheiten ab, sondern ändere diese und zwar so, wie DU es für sinnvoll erachtest.

„Mindset"

Denke als Kunde

Hinterfrage dein Handeln, dein Geschäftsmodell immer und immer wieder.

DIGITALISIERUNG

6. REGELN SIND UNERLÄSSLICH DATENSCHUTZ BEGINNT IMMER BEI DER IT-SICHERHEIT

„Ohne Vertrauen in die Sicherheit und Integrität der digitalen Welt wird es nicht gelingen, die wirtschaftlichen und gesellschaftlichen Potenziale des digitalen Wandels zu erschließen. Das Vertrauen zu stärken heißt daher zum einen, die Kommunikation über digitale Netze zu schützen und dafür den Zugang zu sicheren und einfach zu nutzenden Verschlüsselungsverfahren zu fördern."[2]

Hierzu vielleicht eine ergänzende grundsätzliche Feststellung: Digitalisierung hat in seiner Reichweite eine globale Dimension. Digitales Recht ist GLOBAL gesehen jedoch sehr uneinheitlich geregelt, woraus sich - standortbezogen – auch weiterhin uneinheitliche Bedingungen im Wettbewerb ableiten lassen.

Im Wirtschaftsraum der EU gilt mit Einführung der neuen Datenschutz-Grundverordnung (DSGVO) ab Mai 2018 zumindest einheitliches Recht zum Schutz sensibler Daten.

Viele Stimmen beklagen jedoch bereits eine Überregulierung und zu hohen Aufwand für den einzelnen Unternehmer, sowie zusätzliche Belastungen und Risiken, die mit dieser Verordnung auf die unternehmerische digitale Welt zukommen.

Einige befürchten sogar eine Vielzahl rechtlicher Auseinandersetzungen und bezeichnen die DSGVO als ein „Konjunkturprogramm für Abmahnanwälte". Digitalisierung benötigt dringend und unzweifelhaft auch ein solides und praktikables rechtliches Regelwerk, welches mit empfindlichen Sanktionen Verstöße spürbar ahnden und abschrecken kann.

---

2 Die Bundesregierung, Die Digitale Agenda 2014-2017; Bundesministerium für Wirtschaft und Energie, Bundesministerium des Innern, Bundesministerium für Verkehr und digitale Infrastruktur

Nicht zuletzt mit der Aufdeckung des Facebook/ „Cambridge Analytica“ Skandals und des hier zu beklagenden millionenfachen Datendiebstahls, wird dies deutlich. Durch „Missbrauch“ von Daten eines Geschäftsmodells zur perfiden gezielten Beeinflussung von Wahlentscheidungen, wird sichtbar und deutlich, dass mit der fortschreitenden Digitalisierung in allen gesellschaftlichen Bereichen, nicht nur der Segen der guten Chancen, sondern auch der Fluch der bösen Tat verbunden sein kann.

Daten lassen sich weder in die Kategorie „Gut“ noch in „Böse“ einordnen. Daten sind grundsätzlich neutral. Selbst das Ergebnis einer zielgerichteten, auf Algorithmen basierten Datenanalyse liefert nicht nur „gute“ Resultate, die uns bei einer „guten“ Entscheidungsfindung unterstützen.

Eine Analyse auf der Basis von Algorithmen liefert neutral und objektiv ein Ergebnis, welches der Auftraggeber in guter oder böser Absicht in der Zielsetzung der Analyse angelegt hat.

Der gesamte Prozess der Datenanalyse kann, wie viele andere Prozesse, immer auch als Grundlage für eine negative oder gar kriminelle Strategie eingesetzt und genutzt werden. Um dies auszuschließen bzw. durch Sanktionspotential zu verhindern, bedarf es klarer Regeln, wirksamer Kontrolle und spürbarem Sanktionspotential.

Das Gute oder Böse sitzt vor dem PC und bedient die Tastatur - es sitzt nicht im Gehäuse, auf der Festplatte oder in der Cloud.

Ursachen erfolgreich durchgeführter unrechtmäßiger Angriffe auf Daten und Netzwerke sind häufig fehlende oder unzureichende IT-Sicherheit/Datenschutz in den Systemen, laxer Umgang mit betrieblichen Datenschutzverfahren, oft genug im direkten Zusammenwirken oder auch als Folge einer fehlenden und missverstandenen IT-Sicherheitskultur. Kriminellem Datenschutzmissbrauch wird hierdurch Tür und Tor geöffnet.

Die Daten die das Öl im Getriebe der betrieblichen Wertschöpfung darstellen, sollten jederzeit maximal geschützt sein!

Es geht im digitalen Zeitalter nicht nur um Fragen des Schutzes geistigen Eigentums. Datenschäden/-verlust können sich für ein Unternehmen u.U. als existenzbedrohend erweisen. Selbst wenn der Zugriff auf Unternehmensdaten aufgrund eines Virusbefalls nur vorübergehend nicht mehr möglich sein sollte, können sehr hohe Ausfallschäden und Folgekosten auftreten.

Wenn die Gefahr der Datenkompromittierung von außen besteht oder wenn vertrauliche persönliche Daten nicht hinreichend vor dem unberechtigten Zugriff durch Dritte geschützt werden, kann sehr schnell neben dem rein monetären Schaden und den rechtlichen Problemen, ein sehr hoher Vertrauensverlust bei den Kunden entstehen.

Kosten, die für einen effektiven Datenschutz und IT-Sicherheitsmaßnahmen sowohl bei der Hard-/ Software als auch auf dem Gebiet der Aus-/Weiterbildung der Mitarbeiter/-innen in betrieblichen Prozessen und Verfahren ausmachen, werden im Schadensfall durch die monetäre Schadenshöhe regelmäßig weit übertroffen. Hier an der falschen Stelle zu sparen lohnt sich nicht.

Der Fall „Facebook" und „Cambridge Analytica" hat gezeigt: Wenn mutmaßlich vorsätzlich oder gar kriminelle Methoden gezielt im digitalen Raum zur Umsetzung krimineller Ziele eingesetzt werden, ist die Chance der Aufdeckung zumindest sehr hoch.

Mit der zunehmenden gezielten Massenbeeinflussung über „Fake News", „Fake Accounts" und Internetmaschinen gesteuerten, automatisierten und zielgerichteten „Internet Trollen", tummeln sich anonyme und aus dem verborgenen operierende Player in den sozialen Netzwerken, wächst das Misstrauen und die Sensibilisierung für den Datenschutz.

Das Subtile an diesen Beeinflussungen ist, dass sie unbemerkt von der Zielgruppe ablaufen.

Wie kann es Unternehmen und Privatpersonen gelingen, die Risiken einer digitalen Welt, in der sich heutzutage global die Mehrheit aller Gesellschaften jeder Nation bewegen, erfolgreich zu begrenzen und sie mit einem wirksamen Regelwerk beherrschbar zu halten?

Die ersten und spontan resignierenden Aussagen von EU-Vertretern im Falle „Facebook" und „Cambridge Analytica", die sich mutmaßlich illegal, millionenfach Zugang zu Nutzer-Daten aus Facebook verschafft, diese dann algorithmisch ausgewertet und anschließend gezielt zur Beeinflussung von Wahlen eingesetzt haben sollen, sind ernüchternd.

Facebook ist ein großer und einflussreicher global agierender Player, dem man mit einem herkömmlichen national ausgerichteten „analogen" rechtlichen Regelwerk offenbar nicht effizient genug beizukommen scheint.

Die sich hieraus unmittelbar ergebenden Kernfragen sind - beispielhaft - aufgelistet:

- *„Sind meine Daten sicher vor Missbrauch, Verlust, Beschädigung?"*
- *„Ist meine IT- Sicherheitsinfrastruktur ausreichend?"*
- *„Sind meine betrieblichen Verfahren und Systeme DSGVO konform?"*

Daten sind nicht nur das „Öl im Getriebe" unternehmerischer Prozesse, sie sind auch außerhalb der eigenen Vernetzung sehr begehrt.

Schier unstillbarer Datenhunger vernetzter Systeme und der Zugriff auf sie, ihre gezielte Analyse und ihre algorithmische Transformierung und Anwendung nimmt dramatischen und inflationären Einfluss auf alle Bereiche des gesellschaftlichen Lebens.

Gesellschaftliche Normen werden in ihrer Relevanz in Frage gestellt.

Wenn es möglich ist, den grundlegendsten Prozess unserer Demokratie, „eine freie Wahl in einem freien Land", mit einer gezielten „digitalen" Kampagne in den sozialen Medien im Ergebnis so wesentlich und entscheidend zu beeinflussen, dann hat derjenige große Macht in den Händen, der die Mittel hat solche Aktionen zu initiieren und durchzuführen.

Im digitalen Zeitalter der sozialen Medien erfolgt Beeinflussung subtil und von der Masse der Konsumenten oft unbemerkt. Freier Wille und ein Stück weit auch Identität entgleitet unmerklich der eigenen Kontrolle. Eine Entwicklung die immer mehr in den Fokus gerät und deren Konsequenzen letztlich noch nicht abgeschätzt werden können.

Wie jeder gute Unternehmer praktizierst auch du hoffentlich ein proaktives Risikomanagement und Risikovorsorge in deinem Betrieb?

In diesem Zusammenhang betrachtest du mit Sicherheit auch jene Risiken, die sich auf dem Gebiet des Datenschutzes ergeben können?

Hierbei stellst du dir sicher die Frage:

Welche Risiken und Schaden ergeben sich für dich als Unternehmer bei:

- *Datenverlust*
- *Datenkompromittierung*

» *Datenzerstörung*

» *Datendiebstahl*

» *Datenschutzverstöße*

» *Konformitätsdefizite eingesetzter Systeme mit der neuen Datenschutz-Grundverordnung (DSGVO) - Empfindliche Bußgelder drohen!*

» *Hast Du in diesen Teilbereichen bereits für eine entsprechende Risikobewertung und -minimierung /-vorsorge gesorgt?*

» *Ist Dein IT- Sicherheitskonzept aktuell?*

» *Sind Deine Sicherheitsmaßnahmen sowohl im Bereich der betrieblichen Verfahren als auch der systembezogenen Absicherungen aktuell und ausreichend?*

» *Hast Du einen Plan B im Falle eines Systemausfalls?*

» *Hast Du für hinreichende Datensicherung und Backup-Datenspeicherung vorgesorgt?*

» ...

Diese Liste ist natürlich unvollständig.

Du beantwortest die Fragen bisher überwiegend mit Nein? In diesem Fall ist es nicht zu spät, damit anzufangen.

Risikomanagement bedeutet für jeden Teilaspekt individuell die betriebliche Situation zu analysieren und letztlich abzuprüfen, wie hoch die Wahrscheinlichkeit des Eintritts eines der o.a. Risiken anzusetzen ist und welche Auswirkungen damit einhergehen.

Hieraus ergibt sich eine recht solide Abschätzung des Handlungsbedarfs und auch die Dringlichkeit, mit der ein bestehendes Risiko reduziert werden sollte. Falls dies nicht möglich ist, sollte zur Not die Höhe der notwendigen Rücklagen für einen Schadenseintritt im Budget identifiziert werden. „Cyber" Versicherungen für solche Situationen sind bereits auf dem Markt.

Deine betrieblichen Daten sind immer das „Öl im Getriebe" der Wertschöpfungskette. Das gilt umso mehr in einer digitalen Umgebung.

Ohne die ständige Verfügbarkeit dieser Daten und/oder ohne digitales System und Vernetzung, wird die Wertschöpfungskette unterbrochen. Der finanzielle Ausfall und Verlust bei vorübergehendem Ausfall oder im Falle eines Totalverlustes ist immens und kann u.U. sogar kritisch für den Fortbestand des Betriebes sein.

Ein aktuelles Beispiel für Vorsorge und Handlungsdruck im Rahmen der Risikobegrenzung ist die ab 25. Mai 2018 verbindliche EU-weit gültige Datenschutz-Grundverordnung (DSGVO). Sie ersetzt das Bundes Datenschutz Gesetz und jeder Unternehmer ist gehalten, sich mit den Inhalten und den Konsequenzen und dem hieraus erwachsenen Handlungsbedarf zu beschäftigen.

In den betrieblichen Verfahren, aber auch bezogen auf die Systeme ist im Hinblick auf den Umgang mit sensitiven Daten, DSGVO Konformität gegenüber den für den Datenschutz zuständigen Aufsichtsbehörden nachzuweisen.

Was im Zusammenhang mit diesem verbindlichen rechtlichen Regelwerk in jedem Fall die Arbeit erleichtern kann ist die Vorgehensweise, von vornherein im Bereich IT-Security der notwendige Level an Absicherung der eingesetzten Systeme vorzuhalten und die regelmäßig angebotenen Software-Updates auch umzusetzen. Nur so wird sichergestellt, dass die jeweils aktuelle Version von Software den maximalen Schutz gewährleisten kann.

Hacker und Produzenten von Sicherheitssoftware befinden sich in einem ständigen „Hase – Igel" Rennen. Der Einsatz von Sicherheitssoftware ist nur in der jeweils aktuellsten Version wirklich effizient. Neben den Vorkehrungen im Bereich Sicherheitssoftware gegen Datenschutzrisiken sollte stets die Aufmerksamkeit auch auf die Aus- und Weiterbildung der Mitarbeiter im Hinblick auf eine angemessene Sensibilität im Bereich Datenschutz und IT-Sicherheit, sowie die notwendige Disziplin bei Einhaltung von vorgegebenen Verfahren gelegt werden.

Mit der Digitalisierung und vor allem der Erweiterung der kommunikativen Reichweite durch Vernetzung, gibt man als Unternehmer immer auch ein Stück weit Macht und Kontrolle auf.

Komplexe Vernetzungen bedeuten viele Teilnehmer in den Netzen, eine hohe (auch) Spontanaktivität und stetig steigende Kopplungsdichte und neue Konnektivitäten. In der Folge kann es systembedingt in diesen Netzwerken zu Aufschaukelungseffekten oder Hypes kommen.

An den Börsen nennt man dies Verhalten Volatilität und genauso können sich im unternehmerischen Bereich Folgeeffekte solcher Hypes auswirken – im Positiven aber auch Negativen.

FAZIT

Bedenke, dass Daten das „Öl im Getriebe" aller deiner unterneh-merischen Prozesse sind.

Nutze diejenigen Daten, welche dich in deinem Business weiter-bringen. Pflege und hüte sie extrem gut.

Daten sind neutral – sie sind weder „GUT" noch „SCHLECHT"

Sichere deine Daten und schütze sie vor unbefugtem Zugriff.

Mach dich mit den gesetzlichen Rahmenbedingungen und Aufla-gen vertraut.

Nimm IT-Sicherheit ernst.

DIGITALISIERUNG

7. MAL EINEN AUSBLICK WAGEN

Einen Ausblick zu wagen in einer digitalisierten Welt ist nicht einfach. Man kann bei der Schnelllebigkeit der rasanten Entwicklung und Geschwindigkeit, mit der neue Produkte und Dienstleistungen auf dem Markt erscheinen, mit sehr hoher Wahrscheinlichkeit davon ausgehen, dass Dinge, die man „heute früh" als Zukunftsträumerei oder Vision beschreibt, sich „heute Nachmittag" bereits schon in der alltagstauglichen Erprobung befinden.

Ich habe mich entschlossen, mit dem Begriff „Visionen" vorsichtig und sehr sparsam umzugehen. Wie heißt es doch so schön und vielfach zutreffend, „Wer zu oft Visionen hat, sollte zum Arzt gehen."

Die Beispiele, die ich in meinem Ausblick ansprechen möchte, sollen den Denkprozess anregen und der Erkenntnis der Relevanz von Digitalisierung auf die Sprünge helfen.

Die Auswahl der Beispiele nimmt bewusst anschaulichen Bezug auf aktuell diskutierte gesellschaftliche Herausforderungen unserer Zeit.

Das Thema „Ärzte- und Pflegekräftemangel" ist eine allgemein anerkannte gegenwärtige und zukünftige Herausforderung an unsere Gesellschaft.

Digitalisierung wird auch hier zunehmend als eine valide Option in Lösungsansätze einbezogen.

Wenn wir uns dem Bereich Ärztemangel widmen, möchte ich vorrausschicken, dass die Digitalisierung keinen Arzt im persönlichen Kontakt mit dem Patienten ersetzen kann.

Sie kann das Problem des Mangels an gesundheitlicher Versorgung jedoch lindern und alternative Lösungen z.B. eines auf Telemedizin (E-Health) abgestützten zusätzlichen Versorgungsangebots ermöglichen und unterstützen.

Im Ausland werden dem Patienten z.T. vielfach bereits weitergehende Optionen als in Deutschland angeboten, mittels Internet-App per Video qualifizierte, sichere virtuelle Konsultationsgespräche mit Ärzten zu führen.

Der Arzt befindet sich dabei nicht vor Ort sondern nimmt sich virtuell in einer Online-Sprechstunde den gesundheitlichen Problemen des Patienten an.

In Deutschland ist dies seit 2017 auf der Grundlage einer gesetzlichen Regelung (E-Health Gesetz), allerdings in einem sehr eng begrenzten Rahmen, auch möglich.

Gesetzliche Krankenkassen übernehmen nur in bestimmten Fällen die Kosten für eine medizinische Internet-Konsultationen:

» Nachsorge-Termin bei festgelegten Indikationen

und wenn

» der Patient sich zuvor persönlich in der jeweiligen Praxis vorgestellt hat.

Zugelassen ist in Deutschland die Online-Sprechstunde auch nur für spezielle Facharztgruppen.

Grund für die auferlegten Einschränkungen ist das geltende Fernbehandlungsverbot. Eine Erstdiagnose ist in der Berufsordnung der deutschen Ärzte weder per Videochat noch am Telefon erlaubt. Der Mediziner muss den Patienten zuvor in seiner Praxis untersucht haben.

Wer einen bis dato fremden Arzt per Video kontaktiert, trägt die Kosten für den Termin selbst und geht ohne Diagnose aus dem Gespräch.

Eine Online-Sprechstunde darf also ausschließlich der Beantwortung allgemeiner grundsätzlicher medizinischer Fragen dienen.

Für das Berliner Start-up „Patientus“, in Deutschland aktuell der führende Anbieter für Telemedizin, ist die Änderung des E-Health-Gesetzes trotz aller Reglementierungen ein Grund zum Feiern: „Wir freuen uns, dass nun die Rahmenbedingungen für die Anwendung der Online-Video-Sprechstunde in Deutschland geklärt sind“, lautet deren Aussage.

Bereits seit 2012 arbeitet dieses Unternehmen daran, telemedizinische Sitzungen als Ergänzung zum traditionellen Arztbesuch zu etablieren. Sie kooperieren dabei mit ausgewählten Kliniken, Facharztverbänden und Krankenversicherungen. Das Angebot soll im Internet auf dem existierenden „Jameda Arzt Empfehlungsportal“ integriert werden.

Wenn man sich in den Bereich Zukunftsvision begibt und das digitale Potential dieser Möglichkeiten weiterspinnt, ergeben sich einige neue Optionen.

Mit einer dem Patienten zur Verfügung gestellten und vernetzten „Sensorik", wie z.B. Blutdruckmessgeräten, Blutzuckermessgeräten, Kardiosensoren usw. lassen sich ggf. Routine- und Kontrolluntersuchungen spezifisch und verlässlicher ohne direkten „körperlichen" Patienten- Arzt Kontakt durchführen. Wie gesagt, dies ist mit der aktuellen Gesetzeslage nicht möglich.

Diese technisch möglichen Verfahren ersetzen natürlich nie einen Arzt, der in einem medizinischen Notfall oder im Fall einer akuten Erkrankung, den persönlichen Kontakt mit dem Patienten haben muss.

Eine flächendeckende Anwendung dieser Anwendung ist „noch" Zukunftsmusik und ersetzt nicht, sondern ergänzt den direkten vertrauten Kontakt des Patienten zum Arzt.

Es kann jedoch die Praxisarbeit des Arztes von vielen Routinefällen und zeitintensiven einfachen Kontrolluntersuchungen entlasten.

Es handelt sich hierbei konkret um ein Anwendungsbeispiel für die Digitalisierung des Gesundheitswesens und damit um einen großen nicht zu unterschätzenden Parardigmenwechsel in einem sensiblen Bereich.

Wie bei der Digitalisierung eines Unternehmens, werden die Produkte und Dienstleistungen sowie alle damit zusammenhängenden Systeme, Prozesse und Regelungen auf den Prüfstand gestellt.

Dies erzeugt jede Menge Skepsis, Akzeptanzprobleme und erhebliche Widerstände.

In diesem speziellen Sektor werden damit sowohl ethische als auch wirtschaftliche Grundsätze und etablierte Verfahren des Gesundheitswesens komplett auf den Prüfstand gestellt.

Wir sollten uns nur einmal vor Augen führen, wie hart der Wettbewerb und Kampf der „Mainplayer" im Gesundheitswesen (Ärzte, Pharmaindustrie, Krankenhäuser und Versicherungen) um das zu verteilende Budget in diesem Bereich ist.

Automatisierung, Entlastung und der flächendeckende Ausbau von Online-Konsultationen und E-Health Verfahren, kann dieses latent instabile Gleichgewicht nachhaltig gefährden und wird vermutlich schon deshalb mit Argwohn betrachtet. Und zwar nicht nur aus der Patientenperspektive!

Widerstände sind dazu da, überwunden zu werden.

Der Ärztemangel ist nicht wegzudiskutieren und wird sich voraussichtlich auch nicht in der nächsten Dekade vollständig beseitigen lassen. Die Suche nach internen Lösungen in einem alten System ist wenig erfolgversprechend.

Neue Wege zu gehen und dabei offen zu sein für die technologischen Chancen der Digitalisierung ist notwendig.

Mir geht es bei der hier angeführten Betrachtung nur um das Potential, welches sich aus Digitalisierungssicht theoretisch und praktisch ergibt.

Es ist unstrittig, dass die Digitalisierung in der Lage ist, auf dem Gebiet der Telemedizin eine sehr gute und hilfreiche Unterstützung zur Linderung und Überbrückung der sehr komplexen Ärztemangelsituation zu leisten.

Voraussetzung ist zunächst wie immer der Wille und die Bereitschaft neue Wege zu beschreiten, sowie Veränderungen und Anpassungen in diesem Fall in Übereinstimmung mit den hohen ethisch und moralisch etablierten Werten zu entwickeln.

Die Vernetzung und Nutzung von digitaler „Schwarmintelligenz" zur qualifizierten Absicherung bei gleichzeitiger Erhöhung der Verlässlichkeit und Geschwindigkeit von Diagnosen komplexer Krankheitsbilder, ist ein anderes Beispiel eines medizinischen Bereiches, dessen digitales Potenzial noch erweitert werden kann.

Auch hier ergeben sich viele Wechselwirkungen moderner digitaler Technik mit überkommenen etablierten Grundsätzen, Prozessen und Systemen.

Viele Insellösungen unterschiedlicher Systeme und Prozesse in diesen Bereichen, sind immer auch kostspielige Drehstuhlschnittstellen zwischen alter und neuer Welt.

Hier trifft man ebenfalls auf vielschichtige Widerstände, welche die Chancen einer Digitalisierung und dadurch erreichbare praktische Verbesserungen auslassen und ein dazu notwendiges Überwinden eingefahrener Wege und Denken blockieren. An dieser Stelle rufe ich die sehr kontrovers und auch vielfach emotional geführte Diskussion, um die Einführung einer digitalen Gesundheitskarte in Erinnerung. Sie ist bis heute noch nicht effizient nutz- und einsetzbar, was zum Teil auf noch immer nicht flächendeckend zur Verfügung stehenden Rahmenbedingungen und Standards in den Teilbereichen Standardisierung von Verfahren, digitale Infrastruktur, IT-Sicherheit und nicht zuletzt der Umsetzung von Datenschutzstandards liegt.

Auch hier gilt, dass das Problem im Grunde erkannt wurde, die Chancen und die Lösungsmöglichkeiten, die sich auch in der Digitalisierung ergeben, jedoch noch immer nicht konsequent genug einbezogen und verfolgt werden.

Ein weiteres abschließendes anschauliches Beispiel, wie man in der Digitalisierung sehr effizient und nachhaltig zur Verbesserung eines sich akut abzeichnenden Mangels beitragen kann, ist das weite Gebiet der Pflege.

Auch hier wird in der aktuellen gesellschaftlichen Diskussion über einen eklatanten Mangel an Fachkräften geklagt.

An dieser Stelle möchte ich ausdrücklich betonen, dass die Sicherstellung des Pflegeangebots für die Bevölkerung sich auch im digitalen Zeitalter an allgemein vereinbarten ethisch und moralisch definierten Grundwerten ausrichten muss. Ergänzen möchte ich, dass sie sich dabei den technologischen Entwicklungen und den daraus möglichen Veränderungen zum Besseren nicht verschließen darf.

In der Pflege ist es möglicherweise noch bedeutsamer als beim Arztbesuch, dass der verfügbarere Zeitrahmen zur Sicherstellung der „Pflege der Seele" durch den Pfleger mehr in den Fokus gestellt und erweitert werden sollte. Den notwendigen Freiraum in Abgrenzung zu den rein pflegerischen Tätigkeiten kann man zukünftig zunehmend mit der Ausschöpfung von Möglichkeiten der Digitalisierung und Automatisierung erreichen.

D.h. die mögliche physische Entlastung des Pflegepersonals bei den rein pflegerischen Tätigkeiten kann entscheidend unterstützt werden. Digitalisierung und Automatisierung kann den notwendigen persönlichen Kontakt und Umgang mit dem Pflegepersonal nicht ersetzen aber nachhaltig unterstützen und entlasten.

Wo ein Wille ist – ist auch hier ein Weg mit den Chancen der Zukunft. Es geht darum diesen Weg konsequent und nachhaltig zu beschreiten.

Die Entscheidung über den richtigen Zeitpunkt im Leben, die gewohnte häusliche Umgebung zu verlassen, weil es zu unsicher oder zu schwierig wird, sich selbst zu versorgen, kann durch neue intelligente Systeme zugunsten eines selbstbestimmten Lebens zuhause neu definiert werden.

Bereits verfügbare digitale Systeme lassen sich auf den jeweiligen Bedarf zugeschneiden und ohne großen infrastrukturellen Aufwand mobil in jedem Haus oder Wohnung einbauen und installieren.

Voraussetzung ist und bleibt wiederum die flächendeckende Verfügbarkeit eines Breitbandanschlusses. Hier hinkt Deutschland trotz aller Initiativen und Fördermittel im internationalen Vergleich leider weiterhin hinterher. Gerade in ländlichen Gebieten, die besonders durch den Ärzte- und Pflegemangel betroffen sind, gestalten sich wesentliche und grundlegende Rahmenbedingungen des Breitbandausbaus weiterhin sehr zäh und zu langsam.

Komplexe Genehmigungsverfahren, unterschiedliche Zuständigkeiten in unserer föderalen Struktur, mannigfaltige und komplexe Förderrichtlinien und Finanzierungstöpfe sind nur einige der Hindernisse, die einen effizienten Ausbau verhindern.

FAZIT

Wenn wir auf die Erde kommen,

gibt es nur ein einziges Versprechen:

Dieses Versprechen lautet, das wir eines Tages wieder gehen müssen.

Wir haben also nur dieses eine Leben und in diesem Leben haben wir so viel Potential, welches wir nur nutzen müssen.

Es gibt keine Ressource auf dieser Welt, welche so gerecht aufgeteilt ist zwischen den Menschen außer der **Zeit**.

Jeder Mensch ob reich oder arm, privilegiert oder nicht hat gleich viel **Zeit**.

Wichtig ist einzig, dass wir diese uns gegebene **ZEIT** möglichst sinnvoll einsetzten.

✓	Bilde dich weiter
✓	Reise
✓	Teste neue Ideen
✓	Komm ins Handeln
✓	Setzte um

Zwischen der Idee und der Umsetzung stehst nur DU.

8. BONUS

UMSETZERN GEHÖRT DER MARKT

Zehn Regeln der Digitalisierung:

Regel 1	Digitalisierung ist Chefsache
Regel 2	Beurteile die digitale Reife eines Unternehmens
Regel 3	Definiere und erstelle die Digitalisierungsstrategie
Regel 4	Definiere und bestimme Digitalisierungsbereiche
Regel 5	Stelle ein ausreichendes Budget bereit
Regel 6	Nutze externe Kompetenz
Regel 7	Kommuniziere transparent
Regel 8	Setze Dich mit dem Thema Sicherheit auseinander
Regel 9	Bereite die Nutzung vor
Regel 10	Etabliere eine Kultur der kontinuierlichen Verbesserung

E-TRAINING

E-Training ist eine bereits weit verbreitete Methode, schnell, standardisiert und effizient komplexe Sachverhalte und Zusammenhänge zu vermitteln.

In Zeiten hoher Mitarbeiterfluktuation ist es erforderlich, schnell, effizient und mit gleichbleibender Qualität neue Mitarbeiter aus- bzw. weiterzubilden. Es geht zum Beispiel darum, standardisierte Produktionsverfahren oder Prozesse bei gleichbleibend hohen Qualitätsstandards zu vermitteln. Viele Anwendungsgebiete lassen sich hier aufzählen.

E-Training ist ein kosteneffizienter, flexibel skalierbarer, ortsunabhängiger und schneller Weg, unter gleichzeitiger Schonung personeller Ressourcen Lerninhalte zu vermitteln.

Ein praktisches Beispiel fällt mir aus dem Dachdeckerhandwerk ein.

Im Nachgang zum Sturm Kyrill wurden - aufgrund vermehrt auftretender Unfälle im Dachdeckergewerbe - die Berufsgenossenschaften aktiv und haben Nachschulungen in den Unternehmen zu wesentlichen Sicherheitsaspekten des Gewerbes initiiert.

Ein Dachdecker, der seine Mitarbeiter hierfür selbst unterrichtet und belehrt, investiert viel seiner Arbeitszeit, versäumt dadurch Kundentermine und macht in dieser Zeit keinen Umsatz.

Ein nicht optimaler Weg den Auflagen nachzukommen.

E-Training, welches den Mitarbeitern in Modulen jederzeit ortsunabhängig angeboten wird und zudem über virtuelle Medien abgerufen werden kann, stellt dagegen eine sehr effiziente und kostengünstige Alternative dar.

Der Personaleinsatz wird geschont und ein eventuell auftretender Umsatzausfall eliminiert.

OPTIMIERTE SOFTWARE

Ein weiteres Beispiel aus dem „Silicon Valley Niederrhein":

WinWorker Software - Begeistern mit digitaler Technik

Der Malerfachbetrieb Knobloch in Dresden ist prädestiniert darauf, Wohnungen in Wohlfühl-Zuhause und gewerbliche Immobilien in Hingucker zu verwandeln. Herr Knobloch und sein Team überzeugen die Kunden dabei nicht nur mit handwerklichem Können, sondern auch durch eine professionelle Nutzung von Software und mobiler Apps.

Er war an der Umgestaltung des „Cafe Toscana" in Dresden beteiligt. „Das war ein besonders komplexes aber schönes Projekt, es hat richtig Spaß gemacht". „Hier konnten wir das Flair der Kaffeehaus-Kultur des frühen 20. Jahrhunderts wiederaufleben lassen," erinnert sich Mirko Knobloch.

Im Jahr 2004 hat der Malermeister seinen Malerfachbetrieb gegründet und ist heute erfolgreich im Großraum Dresden etabliert. „**Ihre Zuhause-Macher** – die etwas anderen Maler" - mit diesem Slogan wirbt der Malerfachbetrieb.

Abb.1 Das Café Toscana, ein schönes Projekt für den Malermeister und sein Team.

Ansprechendes Angebot für den Kunden

Nach einer individuellen und ausführlichen Beratung erhalten die Kunden stets ein detailliertes Angebot. Er nutzt dabei die Digitalisierung und eine für Malerbetriebe optimierte Software von WinWorker. Sie ermöglicht es ihm, ein Angebot sehr schnell unkompliziert und vollständig zu erstellen und es gleichzeitig plausibel und ansprechend zu gestalten.

Dabei nutzt er die Vernetzung der Software und kann über eine Schnittstelle z.B. auch auf Texte und Materialien (Daten) seiner Lieferanten unmittelbar zugreifen.

Auf der Basis dieser Daten erstellt er Leistungsverzeichnisse, die aufgrund der digitalen Anbindung immer mit aktuellen Preisen verknüpft sind.

Um es ganz individuell zu gestalten, werden eigene Zeitwerte eingepflegt und die Texte mit Fotos ergänzt. Die Dokumentation ist dadurch sehr detailreich, sogar die Farbtöne sind aufgeschlüsselt, um dem Kunden ein anschauliches Angebot – quasi mit Erlebnischarakter - zu bieten.

Die ausführlichen Angebote erzeugen Kostensicherheit für den Kunden. „Bei uns gibt es keine versteckten Kosten oder Leistungen." Mit einer früheren anderen Software wäre das so nicht möglich gewesen.

Die Kalkulation erfolgt automatisch und sie ist immer auf einen Blick nachvollziehbar. „Da ich allein im Büro arbeite, bin ich dankbar für die Unterstützung durch diese Software."

Mobil erfasst: Zeiten & Co.

Nach und nach wurde das WinWorker Software Programm durch weitere mobile Komponenten erweitert.

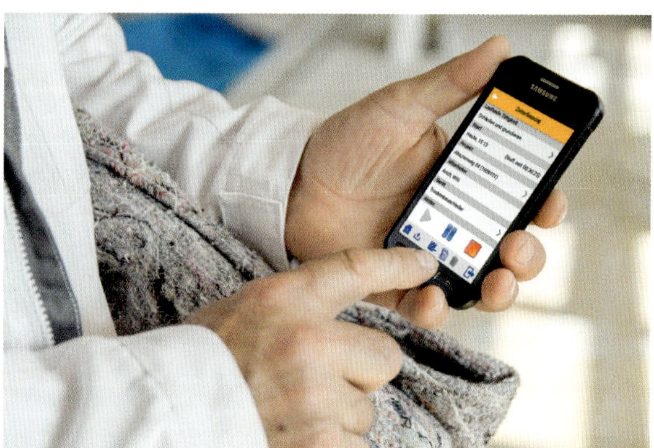

Abb. 2: Ein Mitarbeiter erfasst die Arbeitsstunden in einem Projekt vor Ort auf einem mobilen Gerät.

Beispielsweise wird eine mobile Zeiterfassung genutzt. Alle Angestellten wurden mobil angebunden und mit einem iPad ausgestattet, über das sie jetzt direkt ihre jeweiligen Arbeitszeiten buchen können. Diese werden unmittelbar mit dem zugehörigen Projekt verknüpft.

Besonders praktisch in der App: Die Mitarbeiter können direkt auf der Baustelle Vorher-Nachher-Fotos, Fotos von besonderen Situationen sowie von Zusatzaufgaben machen und diese im Projekt abspeichern. „Die Bilder können anschließend auch als Belege für die Leistungserbringung und Rechnungen etc. genutzt werden."

Auch die Baustellenabnahme lässt sich mit der WinWorker App vor Ort unterstützen. Das Abnahmeprotokoll, ein digitales Formular, wird vor Ort ausgefüllt und kann direkt auf dem iPad vom Kunden unterschrieben, an ihn versandt und abgespeichert werden.

Kunden sind begeistert

Die Kunden sind von dieser professionellen Verwendung digitaler Hilfsmittel begeistert. Es geht um Entlastung bei der Bürokratie und um die Stärkung der fachlichen Beratung

Die digitalen Möglichkeiten lösen - wie hier geschildert richtig eingesetzt - einfach Begeisterung aus.

Wichtig ist, dass mit den mobilen Apps die Kommunikation mit dem Kunden und die Dokumentation für den Betrieb erleichtert wird.

Nicht nur im Privatkundenbereich, sondern bei allen Projekten, werden die Möglichkeiten der WinWorker App genutzt.

Während der Tätigkeiten der Handwerker vor Ort gibt es immer wieder Änderungswünsche. Diese können direkt mit dem Bauleiter besprochen und schnell digital erfasst werden, so dass alle Infos unmittelbar in der Projektmappe landen, optimal dokumentiert sind und sehr schnell bearbeitet werden können.

Die Arbeitszeiten werden sowohl für die eigene Nutzung, als auch bei Arbeiten auf Stundenbasis als Nachweis für die Kunden erfasst. Die Aufstellung kann der Rechnung beigefügt werden, was beim Kunden gut ankommt.

Der Chef kann die WinWorker App auf dem iPad unterwegs selbst nutzen, um z.B. eine Projektdokumentation aufzurufen oder die nächste Kundenadresse zu suchen, sich das neue Ziel auf einer digitalen Karte anzeigen zu lassen bzw. sich dorthin navigieren zu lassen. Das Thema Digitalisierung setzt sich auch in den Innungen und ebenfalls bei den Großhändlern durch.

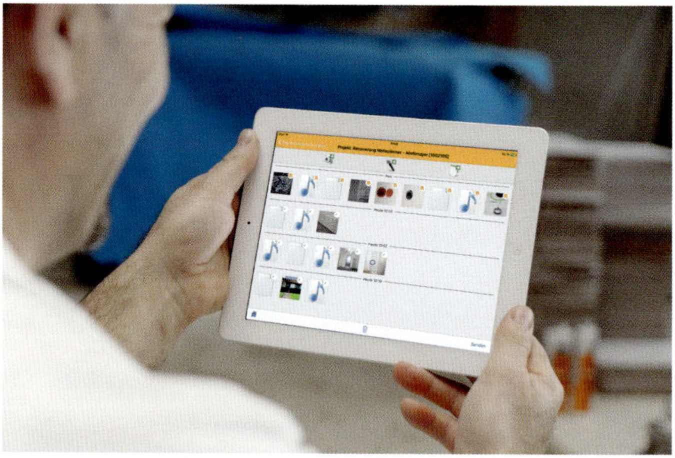

Abb 3: Der Chef nutzt sein iPad, um unterwegs Zugriff auf Kundenadressen, Dokumente und vieles mehr zu haben.

Alle Lieferscheine und Rechnungen eines großen Farbherstellers erhält der Betrieb in digitaler Form. Sie werden ebenfalls automatisch der jeweiligen Projektmappe zugeordnet.

Das Dokumentenmanagement sorgt dafür, dass alles – auch Papierbelege, die eingescannt werden - zu Lieferanten und Kunden passend zusammengestellt werden können und darauf immer zugegriffen werden kann.

Dokumente GoBD[3] - konform im Griff

Beim Thema Dokumentenmanagement kommt unweigerlich auch das Stichwort „GoBD" ins Spiel.

Die diesbezüglichen regulatorischen Vorgaben sind allgemeinverbindlich. Ein weiterer überzeugender Grund für mittelständische Betriebe sich hier unterstützend zu „Digitalisieren".

Alles wird GoBD-konform archiviert. Sogar die Handkasse, die für kleine Einkäufe von Farben von Privatkunden oder für Abrechnungen von Parkscheinen und Kassenzetteln genutzt wird, ist integriert.

Somit können sich Betriebe bezüglich der digitalen Buchhaltung gut auf künftige Steuerprüfungen vorbereiten.

Interne Kontrollen und eine vollständige Verfahrensdokumentation für Betriebe sind in Arbeit und ebenfalls aus den Anforderungen der GoBD abgeleitet.

---

3 Grundsätze zur ordnungsgemäßen Führung und Aufbewahrung von Büchern, Aufzeichnungen und Unterlagen in elektronischer Form sowie zum Datenzugriff.

Ein paar letzte Worte zum Abschluss

Die Goldene Regel für deinen Erfolg ist:

Es gibt keine goldene Regel!

Du hast nun hoffentlich alles um anzufangen. Ich wünsche dir viel Erfolg und eine TOLLE, ERFOLGREICHE & ERFÜLLTE ZEIT.

DEIN Christoph Kühnapfel

„Erfolg hat
drei Buchstaben:
TUN!"

Kurzinterview mit Christoph Kühnapfel:

Digitalisierung als Chance

Christoph Kühnapfel von der Team-IT Group berichtet, wie mittelständische Unternehmen die digitale Transformation für sich nutzen können.

Christoph Kühnapfel, Geschäftsführer der Team-IT Group

Handlungsdruck aufgrund des stetig voranschreitenden digitalen Wandels und der digitalen Transformation sind in allen Lebens- und Geschäftsbereichen spürbar. Gerade auch mittelständische Unternehmen müssen sich im Hinblick auf ihre Wettbewerbsfähigkeit mit der Notwendigkeit einer Anpassung und gegebenfalls Erweiterung ihrer digitalisierten Arbeitsumgebung beschäftigen. Christoph Kühnapfel, einer der Geschäftsführer der Team-IT Group GmbH, weiß, dass die Digitalisierung die Unternehmen nicht nur vor Herausforderungen stellt, sondern ihnen neue und Erfolg versprechende Chancen bietet – wenn man sie zu nutzen weiß.

NRM: ***Herr Kühnapfel, Sie haben sich mit Ihrem Unternehmen, der Team-IT Group, auf die Fahnen geschrieben, Unternehmen auf ihrem Weg zur Digitalisierung zu unterstützen. Wie gehen Sie dabei vor?***

Christoph Kühnapfel: Die durchaus belegte These, dass Teilhabe an der immer schneller fortschreitenden digitalen Transformation für den mittelfristigen Geschäftserfolg eines Unternehmens am Markt alternativlos ist, zwingt alle Unternehmen, sich intensiv mit den Aspekten der Digitalisierung zu beschäftigen und alle innerbetrieblichen Bereiche und Prozesse diesbezüglich auf den Prüfstand zu stellen. Wir stellen u.a. Fragen nach einer zeitgemäßen digitalen Infrastruktur und prüfen, mit welchen „Tools“ Unternehmen ihren Arbeitsalltag verbessern können.

NRM: ***Woran erkennen Unternehmen, dass ihre Unternehmenssoftware veraltet ist?***

Christoph Kühnapfel: Die Liste der Indikatoren ist lang. Zunächst sind hier digitale „Insellösungen“ ohne mobilen Datenzugriff, endlose Systemlangsamkeit oder „Systemhänger“ zu nennen. Weitere Anzeichen dafür, dass eine zeitgemäße, digitale Lösung angestrebt werden sollte, sind z.B. auch fehlende Grundfunktionen wie eine maßgeschneiderte Enterprise Resource Planning (ERP)-Software, fehlende Anpassungsfähigkeit vorhandener Funktionen, doppelte Datenhaltung und Datenerfassung, wenige bis gar keine Updates und anhaltend hohe Wartungskosten ohne Updates.

NRM: ***Was müssen Unternehmen im Zuge der Digitalisierung beachten?***

Christoph Kühnapfel: IT-Design ist ein komplexes Unterfangen und ein mittelständisches Unternehmen muss darauf gut vorbereitet sein. Die eigenen Systeme müssen zum Betrieb passen, es muss Schnittstellen und Verfahren zur Einbindung neuer Ressourcen geben und die Sicherheitsaspekte müssen geklärt sein. Fast kein mittelständisches Unternehmen verfügt über eigene IT-Spezialisten und ist somit auf externe fachliche Unterstützung angewiesen. Mit einer auf den individuellen Bedarf maßgefertigten Teilhabe am digitalen Wandel wird es den Unternehmen ermöglicht, sich in der Welt des digitalen Wandels in ihrem jeweiligen Geschäftsbereich zukunftssicher neu aufzustellen. Damit das Kerngeschäft des Unternehmens im Fokus bleibt, müssen digitale Komponenten weitgehend intuitiv bedienbar und im Funktionsumfang genau an die jeweiligen Benutzer anpassbar sein.

NRM: ***Welchen Herausforderungen müssen sich Unternehmen in dieser Zeit des digitalen Wandels stellen?***

Christoph Kühnapfel: Herausforderungen aus der Digitalisierung für Unternehmen ergeben sich mit der Notwendigkeit, maßgeschneiderte Anpassungen vorzunehmen. Diese gehen auf die zum Teil tief greifenden Veränderungen zurück, die aus dem digitalen Umbruch, z.B. im Bereich tradierter Marktlogiken, von Wertschöpfungsketten, Geschäftsprozessen sowie Berufs- und Tätigkeitsfeldern, insbesondere in den Bereichen Produktion und Logistik, erfolgen. Von vielen Unternehmen wird die Digitalisierung noch immer als unumgängliches Übel angesehen. Wir sehen darin allerdings ganz im Gegenteil für die Unternehmen große Chancen.

NRM: ***Wo liegen für mittelständische Unternehmen die Chancen der Digitalisierung?***

Christoph Kühnapfel: Digitalisierung und digitaler Wandel erstrecken sich, wie bereits ausgeführt, auf weit mehr als nur die digitale Infrastruktur und Hardwareausstattung eines Unternehmens. Sie beschränken sich nicht nur auf die Art und Weise, wie wir kommunizieren oder wie PCs, Laptops und Server eingesetzt werden. Digitaler Wandel ist allumfassend und sorgt für neue Produkte und Dienstleistungen. Aus den oft als Problem wahrgenommenen Umbrüchen ergeben sich für Unternehmen, die den Wandel geschickt für sich zu nutzen wissen, große Chancen für die Sicherstellung eines perspektivisch nachhaltigen Geschäftserfolges. So können passende Digitalisierungsschritte ein effizienteres Wirtschaften unterstützen und neue, innovative Geschäftsmodelle hervorbringen.

NRM: ***Herr Kühnapfel, herzlichen Dank für das Gespräch.*** ■

Notizen

Notizen

Notizen

Notizen

Quellenhinweise

Presse und Informationsamt der Bundesregierung; Unsere Digitale Agenda für Deutschland; April 2015, Berlin

Die Bundesregierung, Die Digitale Agenda 2014-2017; Bundesministerium für Wirtschaft und Energie, Bundesministerium des Innern, Bundesministerium für Verkehr und digitale Infrastruktur, 2014; Berlin

(BMWi) Bundesministerium für Wirtschaft und Energie (2015a+b). Monitoring- Report Wirtschaft DIGITAL 2015. Berlin.

(BMWi) Bundesministerium für Wirtschaft und Energie (2016). Digitale Strategie 2025. Berlin.

Zentrum für Europäische Wirtschaftsforschung; Digitalisierung im Mittelstand: Status Quo, aktuelle Entwicklungen und Herausforderungen; 2016; Mannheim